PRACTICE – ASSESS – DIAGNOSE

180 Days of WRITING
for Fourth Grade

Spanish

- Preescritura
- Borrador
- Revisión
- Corrección
- Publicación

Author
Kristin Kemp, M.A.Ed.

Shell Education

Standards

For information on how this resource meets national and other state standards, see pages 4–6 and 13. You may also review this information by scanning the QR code or visiting our website at www.shelleducation.com and following the on-screen directions.

Publishing Credits

Corinne Burton, M.A.Ed., *President*; Emily R. Smith, M.A.Ed., *Content Director*; Jennifer Wilson, *Editor*; Grace Alba Le, *Multimedia Designer*; Don Tran, *Production Artist*; Stephanie Bernard, *Assistant Editor*; Amber Goff, *Editorial Assistant*

Image Credits

pp. 26, 34, 35, 37, 46, 47, 51, 52, 63, 64, 72, 84, 87, 89, 102, 119, 128, 153, 165, 193, iStock; All other images Shutterstock.

Standards

© Copyright 2010. National Governors Association Center for Best Practices and Council of Chief State School Officers. All rights reserved. (CCSS)

Shell Education
5482 Argosy Avenue
Huntington Beach, CA 92649-1030
www.tcmpub.com/shell-education
ISBN: 978-1-0876-4874-3
© 2021 Shell Education Publishing, Inc.

The classroom teacher may reproduce copies of materials in this book for classroom use only. The reproduction of any part for an entire school or school system is strictly prohibited. No part of this publication may be transmitted, stored, or recorded in any form without written permission from the publisher.

TABLE OF CONTENTS

Introduction. 3

How to Use This Book 4

Standards Correlations 13

Daily Practice Pages 14

Answer Key 194

Writing Rubrics 202

Writing Analyses 205

The Writing Process 208

Editing Marks 209

Writing Tips. 210

Writing Signs. 213

Digital Resources 216

INTRODUCTION

The Need for Practice

To be successful in today's writing classrooms, students must deeply understand both concepts and procedures so that they can discuss and demonstrate their understanding. Demonstrating understanding is a process that must be continually practiced for students to be successful. Practice is especially important to help students apply their concrete, conceptual understanding of each particular writing skill.

Understanding Assessment

In addition to providing opportunities for frequent practice, teachers must be able to assess students' writing skills. This is important so that teachers can adequately address students' misconceptions, build on their current understandings, and challenge them appropriately. Assessment is a long-term process that involves careful analysis of student responses from a discussion, project, practice sheet, or test. When analyzing the data, it is important for teachers to reflect on how their teaching practices may have influenced students' responses and to identify those areas where additional instruction may be required. In short, the data gathered from assessments should be used to inform instruction: slow down, speed up, or reteach. This type of assessment is called *formative assessment*.

HOW TO USE THIS BOOK

With *180 Days of Writing*, creative, theme-based units guide students as they practice the five steps of the writing process: prewriting, drafting, revising, editing, and publishing. During each odd week (Weeks 1, 3, 5, etc.), students interact with mentor texts. Then, students apply their learning by writing their own pieces during each following even week (Weeks 2, 4, 6, etc.). Many practice pages also focus on grammar/language standards to help improve students' writing.

Easy to Use and Standards Based

These daily activities reinforce grade-level skills across the various genres of writing: opinion, informative/explanatory, and narrative. Each day provides a full practice page, making the activities easy to prepare and implement as part of a classroom morning routine, at the beginning of each writing lesson, or as homework.

The chart below indicates the writing and language standards that are addressed throughout this book. See pages 5–6 for a breakdown of which writing standard is covered in each week. **Note:** Students may not have deep understandings of some topics in this book. Remember to assess students based on their writing skills and not their content knowledge.

College and Career Readiness Standards

Writing 4.1—Write opinion pieces on topics or texts, supporting a point of view with reasons and information.
Writing 4.2—Write informative/explanatory texts to examine a topic and convey ideas and information clearly.
Writing 4.3—Write narratives to develop real or imagined experiences or events using effective technique, descriptive details, and clear event sequences.
Language 4.1—Demonstrate command of the conventions of standard English grammar and usage when writing or speaking.
Language 4.2—Demonstrate command of the conventions of standard English capitalization, punctuation, and spelling when writing.
Language 4.3—Use knowledge of language and its conventions when writing, speaking, reading, or listening.
Language 4.4—Determine or clarify the meaning of unknown and multiple-meaning words and phrases based on *grade 4 reading and content*, choosing flexibly from a range of strategies.
Language 4.5—Demonstrate understanding of figurative language, word relationships, and nuances in word meanings.

HOW TO USE THIS BOOK *(cont.)*

Below is a list of overarching themes, corresponding weekly themes, and the writing standards that students will encounter throughout this book. For each overarching theme, students will interact with mentor texts in the odd week and then apply their learning by writing their own pieces in the even week. **Note:** The writing prompt for each week can be found on pages 7–8. You may wish to display the prompts in the classroom for students to reference throughout the appropriate weeks.

Overarching Themes	Weekly Themes	Standards
Ancient Egypt	**Week 1:** Hieroglyphics **Week 2:** Pyramids	**Writing 4.2**—Write informative/explanatory texts to examine a topic and convey ideas and information clearly.
International Sports	**Week 3:** Hurling **Week 4:** Cricket	**Writing 4.1**—Write opinion pieces on topics or texts, supporting a point of view with reasons and information.
Dessert	**Week 5:** Cupcakes **Week 6:** Ice Cream	**Writing 4.3**—Write narratives to develop real or imagined experiences or events using effective technique, descriptive details, and clear event sequences.
Human Body	**Week 7:** Skeleton **Week 8:** Muscles	**Writing 4.2**—Write informative/explanatory texts to examine a topic and convey ideas and information clearly.
Communication	**Week 9:** Morse Code **Week 10:** Telegrams	**Writing 4.1**—Write opinion pieces on topics or texts, supporting a point of view with reasons and information.
Dog Breeds	**Week 11:** Great Danes **Week 12:** Chihuahuas	**Writing 4.2**—Write informative/explanatory texts to examine a topic and convey ideas and information clearly.
National Parks	**Week 13:** Yosemite **Week 14:** Grand Canyon	**Writing 4.3**—Write narratives to develop real or imagined experiences or events using effective technique, descriptive details, and clear event sequences.
Recess Games	**Week 15:** Four Square **Week 16:** Kickball	**Writing 4.3**—Write narratives to develop real or imagined experiences or events using effective technique, descriptive details, and clear event sequences.
Transportation Innovators	**Week 17:** The Wright Brothers **Week 18:** Henry Ford	**Writing 4.2**—Write informative/explanatory texts to examine a topic and convey ideas and information clearly.

HOW TO USE THIS BOOK (cont.)

Overarching Themes	Weekly Themes	Standards
Winter Sports	**Week 19:** Snowboarding **Week 20:** Ice Skating	**Writing 4.3**—Write narratives to develop real or imagined experiences or events using effective technique, descriptive details, and clear event sequences.
Composers	**Week 21:** Mozart **Week 22:** Beethoven	**Writing 4.1**—Write opinion pieces on topics or texts, supporting a point of view with reasons and information.
Space	**Week 23:** Asteroids **Week 24:** Comets	**Writing 4.2**—Write informative/explanatory texts to examine a topic and convey ideas and information clearly.
Clean Energy	**Week 25:** Solar Energy **Week 26:** Turbines	**Writing 4.1**—Write opinion pieces on topics or texts, supporting a point of view with reasons and information.
Mountain Peaks	**Week 27:** Mount Everest **Week 28:** Mount Kilimanjaro	**Writing 4.1**—Write opinion pieces on topics or texts, supporting a point of view with reasons and information.
Art	**Week 29:** Sculpture **Week 30:** Painting	**Writing 4.2**—Write informative/explanatory texts to examine a topic and convey ideas and information clearly.
Trains	**Week 31:** Steam Engine Trains **Week 32:** Bullet Trains	**Writing 4.1**—Write opinion pieces on topics or texts, supporting a point of view with reasons and information.
European Monuments	**Week 33:** Eiffel Tower **Week 34:** Leaning Tower of Pisa	**Writing 4.3**—Write narratives to develop real or imagined experiences or events using effective technique, descriptive details, and clear event sequences.
Summer Fun	**Week 35:** Camping **Week 36:** Swimming	**Writing 4.3**—Write narratives to develop real or imagined experiences or events using effective technique, descriptive details, and clear event sequences.

     © *Shell Education*

HOW TO USE THIS BOOK (cont.)

Weekly Setup

Write each prompt on the board throughout the appropriate week. Students should reference the prompts as they work through the activity pages so that they stay focused on the topics and the right genre of writing: opinion, informative/explanatory, and narrative. You may wish to print copies of this chart from the digital resources (filename: G4_writingprompts_SP.pdf) and distribute them to students to keep throughout the school year.

Semana	Tema
1	Describe qué son los jeroglíficos egipcios. Incluye cómo son y cómo son creados.
2	Explica por qué se construyeron las pirámides de Egipto. Incluye lo que puede encontrarse en las pirámides y de qué están hechas.
3	Hay muchos aspectos del *hurling* como deporte. Explica tus opiniones sobre las reglas y los jugadores que participan en el deporte.
4	Hay muchos aspectos del críquet como deporte. Explica tus opiniones sobre las reglas y los jugadores que participan en el deporte.
5	Describe una vez en la que hayas comido un pastelito. Incluye cómo era el pastelito y cómo se sentía, qué sabor tenía y cómo olía.
6	Describe una vez en la que hayas comido un cono de helado. Incluye cómo era el helado y cómo se sentía, qué sabor tenía y cómo olía.
7	Describe el esqueleto humano. Incluye detalles sobre algunos huesos del esqueleto y cuáles son sus funciones.
8	Explica qué son los músculos humanos. Incluye algunos tipos de músculos y sus funciones.
9	¿Crees que el código morse es útil? Explica. Incluye los beneficios y las desventajas para respaldar tu opinión.

Semana	Tema
10	¿Preferirías recibir un telegrama o un mensaje de correo electrónico? Explica por qué desearías recibir uno en lugar del otro.
11	Escribe un párrafo sobre el gran danés. Incluye datos específicos sobre la raza e incluye características físicas, historia de la raza y personalidad.
12	Escribe un párrafo sobre el chihuahueño. Incluye datos específicos sobre la raza e incluye características físicas, historia de la raza y personalidad.
13	Imagina que alguien está haciendo senderismo en Yosemite. Describe la experiencia e incluye detalles sobre cómo se siente la persona y cómo luce el paisaje.
14	Imagina que estás haciendo un recorrido a caballo en el Gran Cañón. Describe la experiencia e incluye detalles sobre cómo te sientes y cómo luce el paisaje.
15	Escribe sobre un momento en que hayas jugado cuatro cuadrados. Describe la experiencia e incluye detalles sobre con quién jugaste y cómo fue el juego.
16	Escribe sobre un momento en que hayas jugado *kickball*. Describe la experiencia e incluye detalles sobre con quién jugaste y cómo fue el juego.
17	Escribe sobre el primer vuelo de los hermanos Wright. Incluye datos sobre dónde y cuándo ocurrió el primer vuelo.

HOW TO USE THIS BOOK *(cont.)*

Semana	Tema
18	Escribe acerca de la producción del automóvil Modelo T de Henry Ford. Incluye datos sobre el Modelo T y los empleados que ayudaron a fabricar los automóviles.
19	Describe un momento en que alguien hace snowboard por primera vez. Incluye detalles de la experiencia y cómo se sintió el personaje.
20	Describe un momento en que un niño de cuarto grado patina sobre hielo por primera vez. Incluye detalles de la experiencia y cómo se sintió el personaje.
21	¿Se le debió haber solicitado a Mozart que interpretara para la realeza? Describe por qué piensas de esa manera. Incluye ventajas y desventajas que respalden tu opinión.
22	¿Debería enseñarse aún hoy la música clásica de Beethoven? Explica tu razonamiento.
23	Escribe sobre el aspecto de un asteroide. Incluye datos que hablen sobre las partes de un asteroide.
24	Escribe sobre el aspecto de un cometa. Incluye datos que hablen sobre las partes de un cometa.
25	¿Crees que la energía solar es algo bueno o malo? Escribe tu opinión y por qué piensas de esa manera. Incluye ventajas y desventajas para respaldar tu opinión.
26	¿Crees que deben usarse turbinas para recolectar energía eólica? Escribe tu opinión y por qué piensas de esa manera.
27	¿Crees que se debe permitir que las personas menores de 18 años escalen el monte Everest? Explica tu opinión. Incluye datos que respalden tu opinión.

Semana	Tema
28	¿Escalarías el monte Kilimanjaro? Explica tu razonamiento.
29	Describe qué son las esculturas de hielo. Incluye detalles que expliquen cómo se crean las esculturas de hielo.
30	Describe qué es el arte abstracto. Incluye datos sobre cómo es el arte abstracto.
31	¿Crees que los trenes con motor de vapor son algo bueno o algo malo? Explica tu opinión y por qué piensas de esa manera.
32	¿Debería Estados Unidos construir su propio tren bala? Explica tu opinión y por qué piensas de esa manera.
33	Imagina una ocasión en que un estudiante visita la Torre Eiffel. Incluye detalles que describan cómo se sintió el estudiante y qué vio.
34	Imagina una ocasión en que un estudiante visita la Torre de Pisa. Incluye detalles que describan cómo se sintió el estudiante y qué vio.
35	Imagina una ocasión en la que hayas ido de campamento. Describe la experiencia e incluye qué hiciste y con quién fuiste de campamento.
36	Imagina una ocasión en la que hayas ido a nadar. Describe la experiencia e incluye dónde nadaste y con quién.

126829—180 Days of Writing—Spanish

© Shell Education

HOW TO USE THIS BOOK *(cont.)*

Using the Practice Pages

The activity pages provide practice and assessment opportunities for each day of the school year. Teachers may wish to prepare packets of weekly practice pages for the classroom or for homework. As outlined on pages 5–6, each two-week unit is aligned to one writing standard. **Note:** Before implementing each week's activity pages, review the corresponding prompt on pages 7–8 with students and have students brainstorm thoughts about each topic.

On odd weeks, students practice the daily skills using mentor texts. On even weeks, students use what they have learned in the previous week and apply it to their own writing.

Each day focuses on one of the steps in the writing process: prewriting, drafting, revising, editing, and publishing.

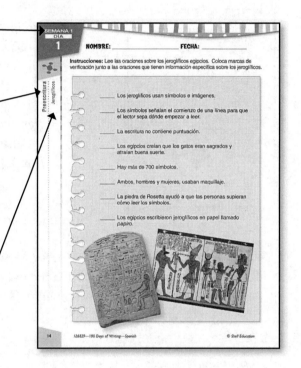

There are 18 overarching themes. Each odd week and the following even week focus on unique themes that fit under one overarching theme. For a list of the overarching themes and individual weekly themes, see pages 5–6.

Using the Resources

The following resources will be helpful to students as they complete the activity pages. Print copies of these resources and provide them to students to keep at their desks.

Rubrics for the three genres of writing (opinion, informative/explanatory, and narrative) can be found on pages 202–204. Use the rubrics to assess students' writing at the end of each even week. Be sure to share these rubrics with students often so that they know what is expected of them.

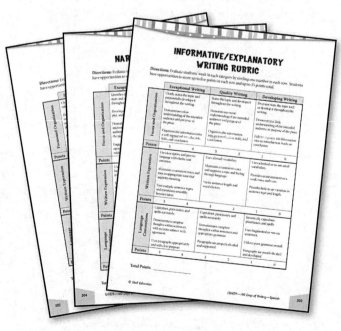

HOW TO USE THIS BOOK *(cont.)*

Using the Resources *(cont.)*

The Writing Process can be found on page 208 and in the digital resources (filename: G4_writing_process_SP.pdf). Students can reference each step of the writing process as they move through each week.

Editing Marks can be found on page 209 and in the digital resources (filename: G4_editing_marks_SP.pdf). Students may need to reference this page as they work on the editing activities (Day 4s).

If you wish to have students peer or self-edit their writing, a *Peer/Self-Editing Checklist* is provided in the digital resources (filename: G4_peer_checklist_SP.pdf).

Writing Signs for each of the writing genres are on pages 213–215 and in the digital resources (filename: G4_writing_signs_SP.pdf). Hang the signs up during the appropriate two-week units to remind students which type of writing they are focusing on.

Writing Tips pages for each of the writing genres can be found on pages 210–212 and in the digital resources (filename: G4_writing_tips_SP.pdf). Students can reference the appropriate *Writing Tips* pages as they work through the weeks.

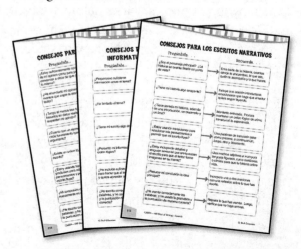

HOW TO USE THIS BOOK *(cont.)*

Diagnostic Assessment

Teachers can use the practice pages as diagnostic assessments. The data analysis tools included with the book enable teachers or parents to quickly score students' work and monitor their progress. Teachers and parents can quickly see which writing skills students may need to target further to develop proficiency.

After students complete each two-week unit, score each students' even week Day 5 published piece using the appropriate, genre-specific rubric (pages 202–204). Then, complete the *Practice Page Item Analysis* (pages 205–207) that matches the writing genre. These charts are also provided in the digital resources (filenames: G4_opinion_analysis.pdf, G4_inform_analysis.pdf, G4_narrative_analysis.pdf). Teachers can input data into the electronic files directly on the computer, or they can print the pages and analyze students' work using paper and pencil.

To Complete the Practice Page Item Analyses:

- Write or type students' names in the far-left column. Depending on the number of students, more than one copy of the form may be needed or you may need to add rows.

- The weeks in which the particular writing genres are the focus are indicated across the tops of the charts. **Note:** Students are only assessed on the even weeks, therefore the odd weeks are not included on the charts.

- For each student, record his or her rubric score in the appropriate column.

- Add the scores for each student after they've focused on a particular writing genre twice. Place that sum in the far right column. Use these scores as benchmarks to determine how each student is performing. This allows for three benchmarks during the year that you can use to gather formative diagnostic data.

HOW TO USE THIS BOOK *(cont.)*

Using the Results to Differentiate Instruction

Once results are gathered and analyzed, teachers can use the results to inform the way they differentiate instruction. The data can help determine which writing types are the most difficult for students and which students need additional instructional support and continued practice.

Whole-Class Support

The results of the diagnostic analysis may show that the entire class is struggling with a particular writing genre. If these concepts have been taught in the past, this indicates that further instruction or reteaching is necessary. If these concepts have not been taught in the past, this data is a great preassessment and may demonstrate that students do not have a working knowledge of the concepts. Thus, careful planning for the length of the unit(s) or lesson(s) must be considered, and additional front-loading may be required.

Small-Group or Individual Support

The results of the diagnostic analysis may show that an individual student or a small group of students is struggling with a particular writing genre. If these concepts have been taught in the past, this indicates that further instruction or reteaching is necessary. Consider pulling these students aside to instruct them further on the concept(s), while others are working independently. Students may also benefit from extra practice using games or computer-based resources. Teachers can also use the results to help identify individual students or groups of proficient students who are ready for enrichment or above-grade-level instruction. These students may benefit from independent learning contracts or more challenging activities.

Digital Resources

Reference page 216 for information about accessing the digital resources and an overview of the contents.

STANDARDS CORRELATIONS

Shell Education is committed to producing educational materials that are research and standards based. All products are correlated to the academic standards of all 50 states, the District of Columbia, the Department of Defense Dependent Schools, and the Canadian provinces.

How to Find Standards Correlations

To print a customized correlation report of this product for your state, visit **www.tcmpub.com/administrators/correlations/**and follow the online directions. If you require assistance in printing correlation reports, please contact the Customer Service Department at 1-877-777-3450.

Purpose and Intent of Standards

The Every Student Succeeds Act (ESSA) mandates that all states adopt challenging academic standards that help students meet the goal of college and career readiness. While many states already adopted academic standards prior to ESSA, the act continues to hold states accountable for detailed and comprehensive standards.

Standards are designed to focus instruction and guide adoption of curricula. Standards are statements that describe the criteria necessary for students to meet specific academic goals. They define the knowledge, skills, and content students should acquire at each level. Standards are also used to develop standardized tests to evaluate students' academic progress. Teachers are required to demonstrate how their lessons meet state standards. State standards are used in the development of all Shell products, so educators can be assured they meet the academic requirements of each state.

Preescritura

Jeroglíficos

NOMBRE: _____ **FECHA:** _____

Instrucciones: Lee las oraciones sobre los jeroglíficos egipcios. Coloca marcas de verificación junto a las oraciones que tienen información específica sobre los jeroglíficos.

_____ Los jeroglíficos usan símbolos e imágenes.

_____ Los símbolos señalan el comienzo de una línea para que el lector sepa dónde empezar a leer.

_____ La escritura no contiene puntuación.

_____ Los egipcios creían que los gatos eran sagrados y atraían buena suerte.

_____ Hay más de 700 símbolos.

_____ Ambos, hombres y mujeres, usaban maquillaje.

_____ La piedra de Rosetta ayudó a que las personas supieran cómo leer los símbolos.

_____ Los egipcios escribieron jeroglíficos en papel llamado *papiro*.

NOMBRE: _____ **FECHA:** _____

Instrucciones: Lee el párrafo sobre los jeroglíficos egipcios. Subraya cualquier oración que no esté completa.

La escritura del antiguo Egipto se llama *jeroglíficos*. ¡Más de 700 símbolos! La escritura puede leerse en cualquier dirección, por ello, los símbolos que representan animales y personas siempre miran en la dirección en la que se debe iniciar la lectura. De esta manera, el lector sabe dónde empezar a leer. No tiene puntuación. Los jeroglíficos fueron un misterio hasta que se encontró la piedra de Rosetta en 1799. Escritura en griego y egipcio una al lado de la otra. Finalmente, la gente podía leer sobre la cultura egipcia.

Práctica para escribir en cursiva *abc*

Instrucciones: Usa letra cursiva para escribir *antiguo Egipto* en el renglón de arriba. Luego, usa letra cursiva para escribir una pregunta que tengas sobre los jeroglíficos.

_____

_____

_____

Revisión
Jeroglíficos

NOMBRE: _____ FECHA: _____

Instrucciones: Lee cada fragmento de oración sobre los jeroglíficos. Reescríbelos como oraciones completas en los renglones a continuación.

1. Hermoso de ver.

_____

_____

2. Papel antiguo llamado *papiro*.

_____

_____

3. Difícil de comprender.

_____

_____

4. Importante piedra de Rosetta.

_____

_____

¡Refuerza tu aprendizaje!

Para que una oración esté completa, necesita un sujeto y un predicado. El **sujeto** es a quién o a qué hace referencia la oración. El **predicado** es lo que el sujeto es o hace.

Ejemplo: El antiguo Egipto es interesante.
             (sujeto)   (predicado)

 126829—180 Days of Writing—Spanish © Shell Education

NOMBRE: _____ **FECHA:** _____

Instrucciones: Usa el símbolo ☰ para indicar qué palabras deben llevar mayúscula inicial y el símbolo ╱ para indicar qué palabras deben llevar minúscula.

1. Egipto está en el noreste de áfrica.

2. El maquillaje protegía del sol el Rostro de las personas.

3. El río nilo fue importante para los cultivos egipcios.

4. los antiguos egipcios usaban Pasta dental.

5. Los soldados franceses encontraron la Piedra de Rosetta.

6. El Líder Egipcio se llamaba *faraón*.

¡Refuerza tu aprendizaje! 🚀

Todos los **sustantivos propios** deben llevar mayúscula inicial. Si una letra debe llevar mayúscula, subráyala tres veces. Si una letra debe llevar minúscula, táchala con una línea.

Ejemplo: En egipcios se usaban Símbolos para escribir.

Publicación | Jeroglíficos

NOMBRE: _____ **FECHA:** _____

Instrucciones: Vuelve a leer el párrafo. Piensa cómo puedes mejorarlo con base en lo que has aprendido esta semana. En las siguientes líneas, escribe tres sugerencias sobre cómo podría mejorar el párrafo el autor.

La escritura del antiguo Egipto se llama *jeroglíficos*. ¡Más de 700 símbolos! La escritura puede leerse en cualquier dirección, por ello, los símbolos que representan animales y personas siempre miran en la dirección en la que se debe iniciar la lectura. De esta manera, el lector sabe dónde empezar a leer. No tiene puntuación. Los jeroglíficos fueron un misterio hasta que se encontró la piedra de Rosetta en 1799. Escritura en griego y egipcio una al lado de la otra. Finalmente, la gente podía leer sobre la cultura egipcia.

Esta semana, aprendí lo siguiente:

- a incluir solo información relevante
- cómo encontrar y corregir fragmentos de oración
- cómo usar mayúsculas correctamente

_____

_____

_____

_____

_____

_____

_____

NOMBRE: _____ **FECHA:** _____

Instrucciones: Lee la información sobre las pirámides de los antiguos egipcios. Completa el organizador gráfico con cuatro notas sobre cómo se usaban las pirámides.

- Las estructuras tenían la intención de proteger los cuerpos de los faraones para siempre.

- Se encontraron más de 130 pirámides.

- Las pirámides se llenaban con elementos y tesoros necesarios para la vida después de la muerte.

- Los faraones se enterraban en las pirámides.

- Les tomó más de 20 años construir cada pirámide.

- Los familiares y sirvientes a veces eran enterrados en las pirámides.

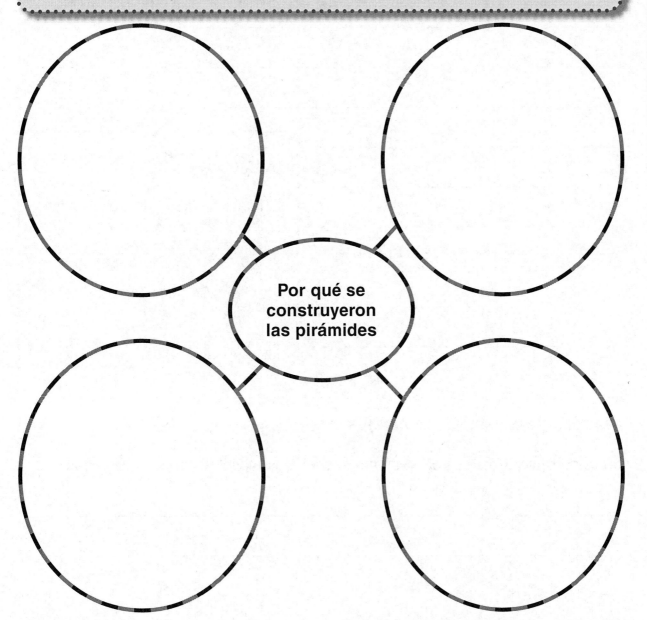

Por qué se construyeron las pirámides

Borrador

Pirámides

NOMBRE: _____ **FECHA:** _____

Instrucciones: Explica por qué se construyeron pirámides en Egipto. Incluye lo que puede encontrarse en las pirámides y de qué están hechas. Usa el organizador gráfico de la página 19 como ayuda para redactar el borrador de tu párrafo informativo/explicativo.

_____

_____

_____

_____

_____

_____

_____

_____

_____

_____

> **¡Recuerda!**
>
> Un párrafo informativo/explicativo sólido debería incluir lo siguiente:
>
> - una oración temática
> - detalles que respaldan la idea principal
> - una oración final

Práctica para escribir en cursiva *abc*

Instrucciones: Usa letra cursiva para escribir un dato interesante de tu párrafo.

_____

_____

  126829—180 Days of Writing—Spanish © Shell Education

NOMBRE: _____ **FECHA:** _____

Instrucciones: Lee las oraciones. Si es el fragmento de una oración, escribe *F*. Si es una oración mal formada, coloca *OMF*. Reescribe las oraciones incorrectas.

_____ **1.** Las pirámides se construyeron al oeste del río Nilo se conoce como la "Tierra de los Muertos".

_____

_____

_____ **2.** Construidas de piedra caliza por miles de trabajadores.

_____

_____

_____ **3.** La Esfinge tenía la cabeza de un faraón tenía el cuerpo de un león.

_____

_____

¡Refuerza tu aprendizaje!

Una **oración mal formada** tiene dos oraciones independientes unidas sin la puntuación apropiada, o las conjunciones coordinantes respectivas. Para arreglarla, puedes hacer lo siguiente:

- dividirla en dos oraciones separadas

- usar una conjunción tal como *y*, *pero* y *o*

¡Hora de mejorar!

Observa el párrafo que escribiste en la página 20 sobre las pirámides. Busca si hay fragmentos de oraciones u oraciones seguidas. Si encuentras alguna, ¡revísala!

NOMBRE: _____ **FECHA:** _____

Corrección · Pirámides

Instrucciones: Lee el párrafo. Usa los símbolos ≡ o ∕ para corregir los errores de uso de mayúsculas.

El faraón Tutankamón, o "Rey tut", es el Faraón más famoso de egipto. Se convirtió en rey cuando tan solo tenía nueve años y gobernó hasta su muerte a los 18 años. En 1922, un Arqueólogo inglés llamado howard Carter encontró su tumba. La causa de la muerte del Rey Tut es incierta. Algunos creen que murió de una lesión en la cabeza, pero lo más probable es que muriera de una infección causada por una pierna rota. La tumba estaba llena de Tesoros y Artefactos que le enseñaron mucho a los arqueólogos sobre el Antiguo egipto.

¡Recuerda!

Todos los sustantivos propios deben llevar mayúscula inicial. Todos los sustantivos comunes deben llevar minúscula.

Ejemplo: egipto tiene mucha Historia.

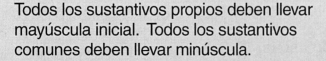

¡Hora de mejorar!

Vuelve a leer el párrafo que escribiste en la página 20 sobre las pirámides. Busca si hay errores de uso de mayúsculas. Corrige cualquiera que encuentres.

NOMBRE: _____ **FECHA:** _____

Instrucciones: Explica por qué se construyeron pirámides en Egipto. Incluye lo que puede encontrarse en las pirámides y de qué están hechas.

_____

_____

_____

_____

_____

_____

_____

_____

_____

_____

_____

_____

Preescritura

Hurling

NOMBRE: _____ **FECHA:** _____

Instrucciones: Lee las oraciones sobre *hurling*, un deporte popular en Irlanda. La información necesita organizarse. Si la oración es sobre reglas, coloca una *R* junto a ella. Si se trata de marcación de puntos, coloca una *P*. Si se trata sobre jugadores, coloca una *J*.

_____ 1. Los jugadores pueden atrapar y llevar la pelota en las manos.

_____ 2. Todos los jugadores son considerados amateur porque no hay ligas profesionales.

_____ 3. Los jugadores deben pasar la pelota golpeándola con sus *hurlies*, o palos, pateándola con los pies, o palméandola con la mano.

_____ 4. Un equipo anota tres puntos si mete la pelota en el arco, que es similar a una red de fútbol.

_____ 5. Los jugadores no reciben pago y juegan por amor propio y amor por el juego.

_____ 6. Se asigna un punto si un equipo pasa la pelota sobre el travesaño por encima de la red.

NOMBRE: _____ FECHA: _____

Instrucciones: Lee el párrafo. Tiene datos secundarios sobre el *hurling*, pero necesita una opinión. Redacta el borrador de una oración de opinión para poner después de cada dato en los renglones a continuación. Se incluye el primer ejemplo.

(1) Los jugadores pueden pasar la pelota usando los palos *hurley*, los pies o las manos. (2) Hay dos maneras diferentes de anotar: si entra en la red, tres puntos; o si pasa sobre el travesaño por encima de la red, un punto. (3) No hay ligas profesionales de *hurling*, por ello, los jugadores no reciben pago. El *hurling* es un deporte divertido y lleno de acción.

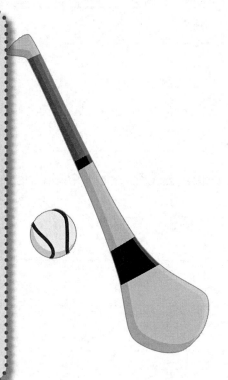

Opiniones

1. Pasar la pelota de tantas maneras diferentes hace que el *hurling* sea más interesante que otros deportes.

2. _____

   _____

   _____

3. _____

   _____

   _____

Revisión

Hurling

NOMBRE: _____ **FECHA:** _____

Instrucciones: Escribe el plural de cada sustantivo.

jugador   _____   palo   _____

red   _____   casco   _____

deporte   _____   pelota   _____

pie   _____   equipo   _____

travesaño   _____   mano   _____

Instrucciones: Escribe dos oraciones usando al menos tres sustantivos plurales de arriba.

1. _____

   _____

   _____

2. _____

   _____

   _____

¡Refuerza tu aprendizaje! 🚀

Para formar la mayoría de los **sustantivos plurales**, agrega -*s* o -*es* al final de la palabra. Si un sustantivo termina en -*z*, cambia la -*z* a -*ces*.

Ejemplos
punto ➔ puntos
nariz ➔ narices

NOMBRE: _____ **FECHA:** _____

Instrucciones: Lee las oraciones. Cada una cuenta con un verbo auxiliar o condicional y un verbo principal en infinitivo. Encierra los verbos auxiliares y subraya los verbos principales.

1. Los jugadores pueden golpear las pelotas con los palos de *hurley*.

2. Los *hurlers* deben correr rápido para jugar este deporte.

3. Los equipos pueden obtener hasta tres puntos en una anotación.

4. Un jugador debe tener reflejos rápidos en el *hurling*.

5. Los jugadores amateurs podrían recibir pago.

¡Refuerza tu aprendizaje! 🚀

Un **verbo principal en infinitivo** informa sobre la acción en una oración.
Ejemplos: *hablar, correr, saltar*

Un **verbo auxiliar o condicional** ayuda a aclarar el significado del infinitivo.
Ejemplos: *puede, debe, podría, debería*

Publicación

Hurling

NOMBRE: _____ **FECHA:** _____

Instrucciones: Repasa el párrafo. Usa lo que aprendiste a lo largo de la semana para escribir una versión final de esto.

> Los jugadores pueden pasar la pelota usando los palos *hurley*, los pies o las manos. Hay dos maneras diferentes de anotar: si entra en la red, tres puntos; o si pasa sobre el travesaño por encima de la red, un punto. No hay ligas profesionales de *hurling*, por ello, los jugadores no reciben pago. El *hurling* es un deporte divertido y lleno de acción.

_____

_____

_____

_____

_____

_____

_____

_____

_____

_____

_____

_____

_____

_____

_____

_____

Esta semana, aprendí lo siguiente:

- a organizar mis ideas
- cómo agregar opiniones
- cómo escribir correctamente los sustantivos plurales.

NOMBRE: _____ **FECHA:** _____

Instrucciones: El críquet es un juego similar al béisbol. Lee el cuadro que compara los dos deportes. Luego, completa las preguntas a continuación.

Críquet	Béisbol
• 11 jugadores • los partidos duran entre seis horas y cinco días • los bateadores usan cascos y almohadillas en las piernas y el pecho • los bates son largos, anchos y planos • popular en Inglaterra, India, Pakistán, Australia y Nueva Zelanda	• 9 jugadores • los partidos duran alrededor de tres horas • los bateadores usan cascos, guantes y espinilleras opcionales • los bates son largos, redondos como un bastón y ahusados hacia la punta • popular en los Estados Unidos, Canadá, el Caribe, Japón y Filipinas

1. ¿Qué deporte preferirías jugar?

   _____

2. Proporciona tres ideas que respalden tu opinión.

   • _____

   _____

   • _____

   _____

   • _____

   _____

NOMBRE: _____ **FECHA:** _____

Instrucciones: Hay muchos aspectos del críquet como deporte. Explica tus opiniones sobre las reglas y los jugadores que participan en el deporte. Usa tus notas de la página 29 como ayuda para redactar el borrador de tu párrafo de opinión.

_____

_____

_____

_____

_____

_____

_____

_____

_____

_____

_____

¡Recuerda!

Para escribir un párrafo de opinión sólido, recuerda incluir lo siguiente:

• una oración introductoria que da a conocer tu opinión

• oraciones que respaldan tu opinión

• una oración final

Práctica para escribir en cursiva *abc*

Instrucciones: Usa letra cursiva para escribir una oración sobre algo que disfrutas hacer.

_____

_____

NOMBRE: _____ **FECHA:** _____

Instrucciones: Reescribe cada oración correctamente usando la forma plural de cada sustantivo subrayado. **Nota:** Deberás realizar cambios en dos verbos y en los artículos que correspondan para que coincidan con los sustantivos plurales.

1. Joseph escribirá este ensayo sobre la <u>ley</u> del críquet.

_____

_____

2. El <u>juez</u> tiene el <u>pasatiempo</u> de mirar críquet.

_____

_____

3. La victoria es del <u>jugador feliz</u>.

_____

_____

¡Recuerda!

Para formar la mayoría de los sustantivos plurales, agrega -s o -es. Si un sustantivo termina en -z, cambia la -z a -ces.

¡Hora de mejorar!

Vuelve a leer el párrafo de opinión que escribiste en la página 30. Busca si hay palabras con errores de ortografía, especialmente sustantivos plurales. Corrige cualquier error que encuentres.

Corrección

Cricket

NOMBRE: _____ **FECHA:** _____

Instrucciones: Lee el párrafo. Encierra cualquier verbo auxiliar que encuentres.

Cada cuatro años, equipos de críquet de alrededor del mundo compiten en la Copa Mundial. Los jugadores deben competir en el campo con la ilusión de que podrían ser coronados campeones mundiales. Inglaterra fue la sede de los primeros torneos en 1975, 1979 y 1983. Las autoridades de este deporte sabían que todos deberían tener la oportunidad de ser sede de la Copa Mundial, así que India y Pakistán fueron la sede en 1987. El trofeo moderno de la Copa Mundial se diseñó en 1999. Antes de eso, cada trofeo habría sido un diseño único.

Recuerda!

Un verbo auxiliar ayuda a aclarar el significado del verbo en infinitivo.
Ejemplos: *puede, podía, podría, podrá, debe, debía, debería, deberá, habría, habrá*

¡Hora de mejorar!

Vuelve a leer el párrafo de opinión que escribiste en la página 30. ¿Incluíste verbos auxiliares? Asegúrate de haberlos usado correctamente.

© *Shell Education*

NOMBRE: _____ **FECHA:** _____

Instrucciones: Hay muchos aspectos del críquet como deporte. Explica tus opiniones sobre las reglas y los jugadores que participan en el deporte.

_____

_____

_____

_____

_____

_____

_____

_____

_____

_____

_____

_____

_____

_____

_____

_____

Preescritura

Pastelitos

NOMBRE: _____ FECHA: _____

Instrucciones: Lee los detalles sensoriales sobre los pastelitos. Luego, copia cada detalle en la columna correcta de la tabla. ¡Agrega tus propios detalles sensoriales!

Detalles sensoriales

glaseado rosa	vainilla	vela encendida	azúcar
envoltorio arrugado	granas	chocolate	húmedo
glaseado pegajoso	tibio	grande	dulce

Vista	Gusto/Olfato	Tacto

126829—180 Days of Writing—Spanish

© Shell Education

NOMBRE: _____ **FECHA:** _____

Instrucciones: Lee el párrafo narrativo sobre un pastelito. Subraya los detalles sensoriales.

Cuando todos terminaron de cantar, Jada miró el pastelito que estaba frente a ella. Una vela encendida y resplandeciente estaba en medio de las granas esparcidas en el azúcar glas. Después de pedir su deseo y soplar la vela, Jada quitó el envoltorio arrugado. Un poco de glaseado se le pegó al labio cuando mordió la torta de chocolate. Era dulce y delicioso. También notó que todos sus amigos estaban disfrutando de los pastelitos. Aspirando la esencia de vainilla, dio otro bocado. Jada disfrutó de cada bocado de su pastelito de cumpleaños.

Práctica para escribir en cursiva *abc*

Instrucciones: Usa letra cursiva para escribir la palabra *pastelitos*. Luego, usa letra cursiva para escribir tres ingredientes que podrías necesitar para hornear algunos pastelitos

_____   _____

_____   _____

Revisión Pastelitos

NOMBRE: _____ **FECHA:** _____

Instrucciones: Reescribe cada oración aburrida agregándole adjetivos y detalles sensoriales.

Aburrida: Huelo las galletas horneadas. **Nueva y mejorada:**	**Aburrida:** Escucho el temporizador. **Nueva y mejorada:**
Aburrida: Toco la bandeja negra. **Nueva y mejorada:**	**Aburrida:** Veo las granas. **Nueva y mejorada:**

¡Refuerza tu aprendizaje!

Cuando te enfocas en **detalles sensoriales**, deseas que el lector se imagine cómo luce, huele, sabe, suena y se siente. Los **adjetivos**, palabras que describen o modifican algo o a alguien, son una fantástica manera de que tu escrito cobre vida.

Ejemplo: *Siento el sabor de la galleta* puede cambiarse a *Siento el sabor de la deliciosa y pegajosa galleta.*

NOMBRE: _____ **FECHA:** _____

Instrucciones: Lee las oraciones. Si es declarativa, escribe *D* en el renglón. Si es imperativa, escribe *IM*. Si es interrogativa, escribe *IN*. Si es exclamativa, escribe *E*. Luego, agrega los signos de puntuación correctos a cada oración.

_____ **1.** Los pastelitos se están quemando

_____ **2.** Puedes abrir la puerta del horno

_____ **3.** No puedo creer que nos quedáramos sin huevos

_____ **4.** La espátula está en el cajón

_____ **5.** Limpia la leche derramada

_____ **6.** Cuánto tiempo más debe hornearse

_____ **7.** Pon la mantequilla en el refrigerador

_____ **8.** Las galletas deben enfriarse durante 10 minutos

¡Refuerza tu aprendizaje!

Diferentes tipos de oraciones incluyen las siguientes:

Declarativa (una oración que dice algo)

Ejemplo: El horno necesita precalentarse a 350 grados.

Imperativa (una oración que da una orden)

Ejemplo: Agrega azúcar a la mezcla.

Interrogativa (una oración que pregunta)

Ejemplo: ¿Desearías chocolate o vainilla?

Exclamativa (una oración que expresa emoción)

Ejemplo: ¡Este postre es delicioso!

NOMBRE: _____ **FECHA:** _____

Instrucciones: Lee el párrafo. Luego, responde la pregunta.

Cuando todos terminaron de cantar, Jada miró el pastelito que estaba frente a ella. Una vela encendida estaba en medio de las granas esparcidas en el azúcar glas. Después de pedir su deseo y soplar la vela, Jada quitó el envoltorio arrugado. Se preguntaba qué habría dentro del regalo más grande. Un poco de glaseado se le pegó al labio cuando mordió la torta de chocolate. Era dulce y delicioso. También notó que todos sus amigos estaban disfrutando de los pastelitos. Aspirando la esencia de vainilla, dio otro bocado. Su madre comenzó a servir jugo a los invitados. Jada disfrutó de cada bocado de su pastelito de cumpleaños.

Esta semana, aprendí lo siguiente:

- a incluir información sobre el tema
- cómo usar detalles sensoriales y adjetivos
- cómo identificar diferentes tipos de oraciones

1. ¿Se mantiene el autor en el tema? ¿Cómo lo sabes?

_____

_____

_____

_____

NOMBRE: _____ **FECHA:** _____

Instrucciones: Imagina que comes un cono de helado. Haz una lluvia de ideas con detalles sensoriales para describir la experiencia. Completa el organizador gráfico con al menos dos detalles en cada cuadro.

Preescritura

Helado

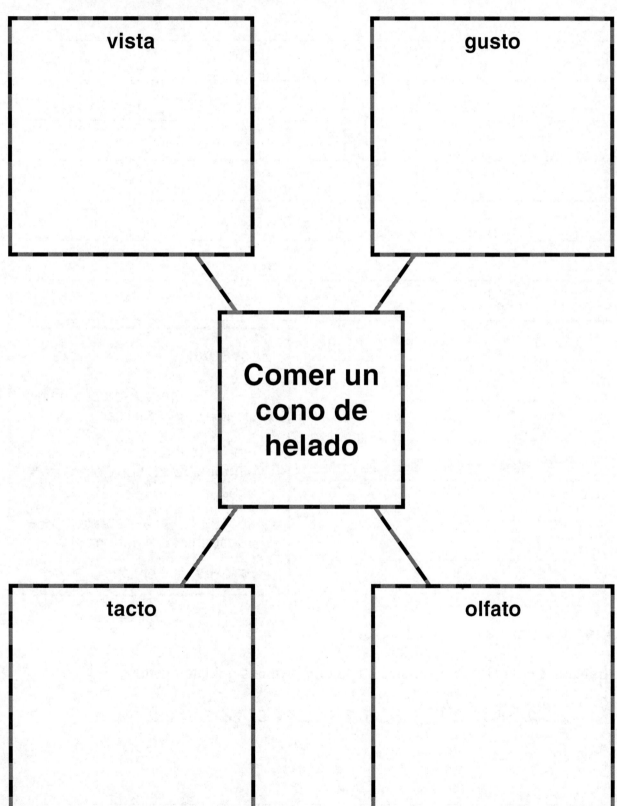

vista

gusto

Comer un cono de helado

tacto

olfato

Borrador · Helado

NOMBRE: _____ **FECHA:** _____

Instrucciones: Describe una vez en la que hayas comido un cono de helado. Incluye cómo era el helado y cómo se sentía, qué sabor tenía y cómo olía. Usa tus notas de la página 39 como ayuda para redactar el borrador de tu párrafo narrativo.

_____

_____

_____

_____

_____

_____

_____

_____

_____

_____

_____

¡Recuerda!

Un párrafo narrativo sólido tiene las siguientes características:

- incluye una oración introductoria y una oración final;

- usa detalles sensoriales para describir la experiencia;

- parece una historia.

Práctica para escribir en cursiva *abc*

Instrucciones: Usa letra cursiva para completar la siguiente oración:

Mi sabor de helado preferido es...

_____

NOMBRE: _____ **FECHA:** _____

Instrucciones: Lee las oraciones desordenadas. Reescríbelas correctamente en los renglones. Se ha incluido la primera palabra de cada oración con mayúscula inicial. Luego, subraya los adjetivos que haya en las oraciones.

1. tibios y saben Los crujientes deliciosos conos

_____

_____

2. días El se derrite helado calurosos en congelado

_____

_____

3. divertidas son frutales Las fresas opciones

_____

_____

4. naturales sabores deliciosos frescos Los ingredientes hacen y

_____

_____

¡Hora de mejorar!

Vuelve a leer la narración que escribiste en la página 40. Observa si hay lugares donde puedas agregar adjetivos para que tus detalles sensoriales cobren vida. Si tienes más de un adjetivo para describir algo, asegúrate de que las palabras estén en un orden que tenga sentido.

Corrección | Helado

NOMBRE: _____ **FECHA:** _____

Instrucciones: Lee el párrafo. Busca cuatro oraciones que tengan error en la puntuación final. Usa el símbolo ℒ para eliminar la puntuación incorrecta y el símbolo ∧ para insertar la puntuación correcta.

¡Las personas comen conos de helado todos los días! Pero cuándo se inventó el cono. A pesar de que varias historias diferentes hablan de sus inicios, la mayoría de los estadounidenses cree en la leyenda de la Feria Mundial de 1904 en St. Louis. Un vendedor ambulante enroscó un barquillo tibio en forma de cono y sirvió helado ahí. Esto permitió que las personas comieran sus helados mientras caminaban. Aunque esta posiblemente no haya sido la primera vez que se usó un cono, se popularizó después de este evento. Ahora, los conos están en todas partes. La próxima vez que comas un cono de helado, ¿recuerda la Feria Mundial de 1904?

¡Hora de mejorar!

Vuelve a leer el párrafo narrativo que escribiste en la página 40 sobre tomar helados. Verifica si las oraciones terminan con los signos de puntuación correctos. Si hay algún error, corrígelo.

NOMBRE: _____ **FECHA:** _____

Instrucciones: Describe una vez en la que hayas comido un cono de helado. Incluye cómo era el helado y cómo se sentía, qué sabor tenía y cómo olía.

_____

_____

_____

_____

_____

_____

_____

_____

_____

_____

_____

Preescritura

Esqueleto

NOMBRE: _____ FECHA: _____

Instrucciones: Vuelve a leer la información de la red sobre el esqueleto humano. Coloca marcas de verificación en las burbujas que se relacionan con el tema.

Los bebés tienen 300 huesos, pero los adultos tienen 206.

La nariz y las orejas están formadas por cartílago.

El hueso más largo del cuerpo es el hueso del muslo, que se llama fémur.

Los huesos de las manos y los pies conforman la mitad de los huesos del cuerpo.

Esqueleto humano

Todos los insectos tienen exoesqueletos.

Los seres humanos tienen muchas partes en el cuerpo.

El hueso más pequeño del cuerpo está en el oído. Es más pequeño que un grano de arroz.

Los dientes no se consideran parte del esqueleto.

Las aves tienen huesos huecos.

NOMBRE: _____ **FECHA:** _____

Instrucciones: A este párrafo informativo/explicativo sobre el esqueleto humano le falta algo. Lee el párrafo. Luego, redacta el borrador de tus propias oraciones introductoria y final.

Oración introductoria

_____

_____

Cuando los bebés nacen, tienen alrededor de 300 huesos. A medida que crecen, algunos huesos se fusionan. Hacia la edad adulta, las personas tienen 206 huesos. El hueso más largo es el hueso del muslo, que se llama fémur. El estribo del oído es el hueso más pequeño. Las manos y los pies tienen muchos huesos. ¡Más de la mitad de los huesos del cuerpo están solo en estos dos lugares!

Oración final

_____

_____

Práctica para escribir en cursiva *abc*

Instrucciones: Escribe el nombre de estos cuatro huesos en letra cursiva: *estribo*, *costilla*, *cráneo* y *pelvis*.

_____   _____

_____   _____

Revisión
Esqueleto

NOMBRE: _____ **FECHA:** _____

Instrucciones: Lee el párrafo sobre el esqueleto humano. Elige los conectores correctos del banco de conectores e introdúcelos en el párrafo encima de los símbolos ∧ .

Banco de conectores

Por otra parte,   Por ejemplo,   De hecho,

El esqueleto humano es fascinante. ∧ cuando los bebés nacen, tienen alrededor de 300 huesos. A medida que crecen, algunos huesos se fusionan. Hacia la edad adulta, las personas tienen 206 huesos. El hueso más largo es el hueso del muslo, que se llama fémur. ∧ el estribo del oído es el hueso más pequeño. Las manos y los pies tienen muchos huesos. ¡∧ más de la mitad de los huesos del cuerpo están solo en estos dos lugares! El esqueleto brinda soporte a todo el cuerpo.

¡Refuerza tu aprendizaje! 🚀

Los **conectores** ayudan a guiar a los lectores a través de lo que escribes. Establecen conexiones y vinculan ideas.

porque
Ejemplo: Las costillas son importantes ∧ protegen los órganos.

NOMBRE: _____ **FECHA:** _____

Instrucciones: Busca en el diccionario las definiciones para la palabra *estribo*. Luego, responde las preguntas.

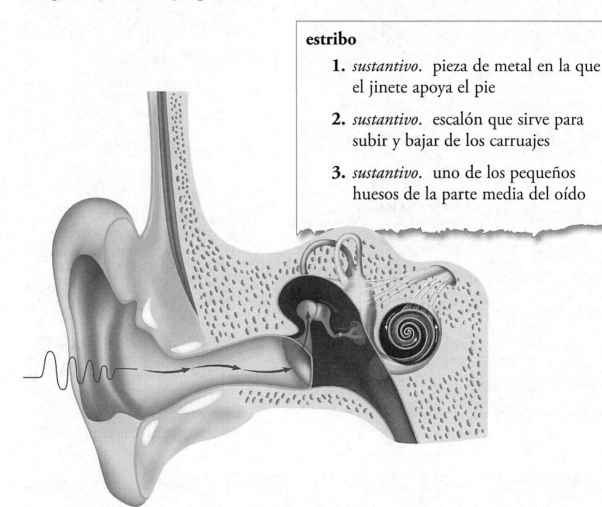

> **estribo**
>
> 1. *sustantivo.* pieza de metal en la que el jinete apoya el pie
>
> 2. *sustantivo.* escalón que sirve para subir y bajar de los carruajes
>
> 3. *sustantivo.* uno de los pequeños huesos de la parte media del oído

1. Lee esta oración: *El estribo se encuentra entre el yunque y la ventana oval.* ¿Qué definición de la palabra *estribo* se usa en esta oración? _____

2. Lee esta oración: *El chico estaba tan emocionado que puso un pie en el estribo y montó de un salto.* ¿Qué definición de la palabra *estribo* se usa en esta oración? _____

3. Escribe una oración para la definición de *estribo* que no se ha usado.

_____

_____

NOMBRE: _____ **FECHA:** _____

Instrucciones: Lee el párrafo. Luego, responde las preguntas.

Cuando los bebés nacen, tienen alrededor de 300 huesos, pero a medida que crecen, algunos huesos se fusionan. Hacia la edad adulta, las personas tienen 206 huesos. El hueso más largo es el hueso del muslo, que se llama fémur. Por otro lado, el estribo del oído es el hueso más pequeño. Las manos y los pies tienen muchos huesos. ¡De hecho, más de la mitad de los huesos del cuerpo están solo en estos dos lugares!

Esta semana, aprendí lo siguiente:

- a escribir oraciones introductorias y finales
- a usar conectores

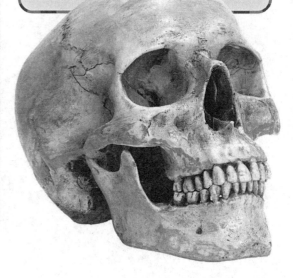

1. ¿Qué falta en este párrafo informativo/explicativo?

_____

_____

_____

2. ¿Te informa este párrafo sobre un tema? ¿Cómo?

_____

_____

_____

NOMBRE: _____ **FECHA:** _____

Instrucciones: Lee la información sobre los tres tipos diferentes de músculos. Coloca marcas de verificación en las burbujas que se relacionan solo con los tres tipos de músculos.

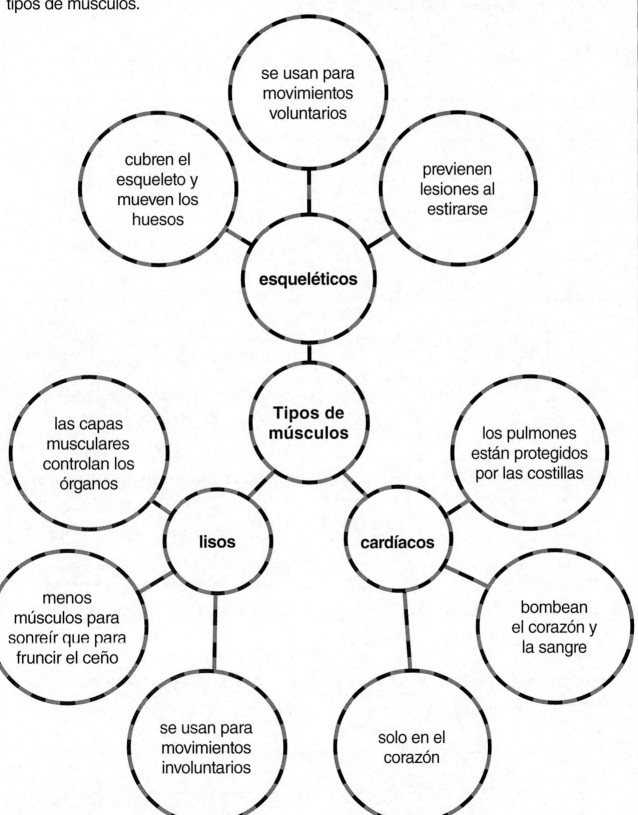

Borrador
Músculos

NOMBRE: _____ **FECHA:** _____

Instrucciones: Explica qué son los músculos humanos. Incluye algunos tipos de músculos y sus funciones. Usa la red de la página 49 como ayuda para redactar el borrador de tu párrafo informativo/explicativo.

_____

_____

_____

_____

_____

_____

_____

_____

_____

_____

_____

_____

_____

¡Recuerda!

Un párrafo informativo/explicativo sólido debería incluir lo siguiente:

- solo información relevante

- una oración introductoria y una oración final

- detalles que respaldan el tema

Práctica para escribir en cursiva *abc*

Instrucciones: Usa letra cursiva para escribir un dato que sepas sobre los músculos.

_____

_____

126829—180 Days of Writing—Spanish
© Shell Education

NOMBRE: _____ **FECHA:** _____

Instrucciones: Lee las oraciones. Escribe en los renglones los conectores que mejor se ajusten a cada oración.

Banco de palabras

puesto que	además de	pero
por ejemplo	Por otra parte	

---

1. Ejercitar diferentes músculos es importante. _____,
   una persona podría hacer abdominales un día y flexiones al día siguiente.

2. _____ el corazón late todo el tiempo, el músculo
   cardíaco no descansa nunca.

3. Para patear se usan músculos voluntarios. _____,
   para digerir alimentos se usan músculos involuntarios.

4. Solo se usan 17 músculos para sonreír, _____
   43 músculos para fruncir el ceño.

5. _____ fortalecer tus músculos, el ejercicio
   también puede hacerte entrar en calor un día frío.

· ·

¡Hora de mejorar!

Vuelve a leer el párrafo que escribiste en la página 50. ¿Tiene algún conector? Si no es así, observa si puedes agregar alguno como ayuda para guiar al lector en lo que escribes. Usa el símbolo ∧ para introducir conectores.

Corrección : Músculos

NOMBRE: _____ **FECHA:** _____

Instrucciones: Lee las definiciones para la palabra *cuerpo*. Luego, escribe una oración para cada definición.

cuerpo

1. *sustantivo.* Los huesos, la carne y los órganos de una persona o un animal.

2. *sustantivo.* Corporación.

3. *sustantivo.* La parte principal de algo escrito.

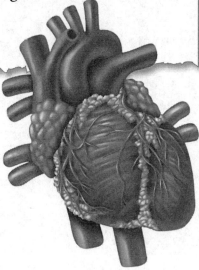

Definición 1: _____

_____

_____

Definición 2: _____

_____

_____

Definición 3: _____

_____

_____

126829—180 Days of Writing—Spanish © Shell Education

NOMBRE: _____ **FECHA:** _____

Instrucciones: Explica qué son los músculos humanos. Incluye algunos tipos de músculos y sus funciones.

_____

_____

_____

_____

_____

_____

_____

_____

_____

_____

_____

_____

_____

NOMBRE: _____ **FECHA:** _____

Instrucciones: Lee la información sobre el código morse. Si la información expresa una ventaja de usar el código morse, escribe una *V* en el renglón. Si expresa una desventaja, escribe una *D*.

_____ 1. comunicación segura porque no todos saben el código morse

_____ 2. comprendido universalmente en todos los países

_____ 3. lento en comparación con la tecnología moderna

_____ 4. El equipo no es costoso.

_____ 5. La transmisión de mensajes es fácil.

_____ 6. Se requiere capacitación para enviar y recibir mensajes.

_____ 7. toma tiempo escribir cada palabra

NOMBRE: _____ FECHA: _____

Instrucciones: Lee el párrafo de opinión sobre mantener el código morse en tiempos modernos. Subraya los detalles que respaldan la opinión del autor.

Aunque es considerado anticuado por algunas personas, el código morse todavía debe usarse en tiempos modernos. Samuel Morse inventó el código morse en la década de 1830. Envió el primer mensaje desde Washington D. C. a Baltimore. La comunicación a través de este código es bastante segura. Dado que no todos lo conocen, es poco probable que el mensaje llegue a manos equivocadas. El equipo no es costoso y transmitir los mensajes es fácil. Sin embargo, es lento y lleva tiempo. El código morse se usa en todo el mundo y lo comprenden receptores de todos los países, independientemente del idioma que hablen. Hay muchas cosas buenas en la tecnología moderna, pero el código morse aún tiene un lugar en la comunicación actual.

Práctica para escribir en cursiva *abc*

Instrucciones: Usa letra cursiva para escribir *código morse* en el renglón de arriba. Luego, usa letra cursiva para escribir *enviar* y *recibir* en los renglones de abajo.

_____

_____   _____

Revisión

Código morse

NOMBRE: _____ **FECHA:** _____

Instrucciones: Lee las oraciones. Las palabras subrayadas se comprenderían mejor con pistas contextuales. Reescribe las oraciones para incluir las pistas contextuales.

1. Aunque es considerado <u>anticuado</u> por algunas personas, el código morse todavía debe usarse en tiempos modernos.

_____

_____

_____

_____

2. El equipo no es costoso y <u>transmitir</u> los mensajes es fácil.

_____

_____

_____

_____

¡Refuerza tu aprendizaje!

Las **pistas contextuales** ayudan a comprender palabras engañosas. A menudo incluyen uno de los siguientes:

- **una definición**—*El receptor está en un <u>telégrafo</u>, que es un dispositivo que envía mensajes.*

- **un ejemplo**—*Enviar los mensajes codificados puede ser <u>tedioso</u>, como contar granos de arroz.*

- **una paráfrasis**—*Durante la guerra, muchos mensajes son <u>codificados</u>, o puestos en código, para mantenerlos en secreto.*

NOMBRE: _____ **FECHA:** _____

Instrucciones: Lee las oraciones. Las palabras subrayadas están usadas incorrectamente. Usa el símbolo ℒ para corregirlas. Luego, escribe tu propia oración a continuación.

1. La estación no <u>tubo</u> el telegrama debido al mal tiempo.

2. No <u>valla</u> a perder el mensaje antes de que podamos traducirlo del código morse.

3. Es <u>ora</u> de tomar clases para aprender el código morse.

4. Las <u>holas</u> del mar estaban muy altas.

5. Asegúrate de traducir el <u>vello</u> telegrama.

6. Escribe tu propia oración con el par homófono *botar* y *votar*.

_____

_____

¡Refuerza tu aprendizaje! 🚀

Los **homófonos** son palabras que suenan igual pero tienen significados diferentes. Pueden o no escribirse igual.

Ejemplo: *sabia* y *savia*

Publicación

Código morse

NOMBRE: _____ **FECHA:** _____

Instrucciones: Vuelve a leer el párrafo de opinión. Piensa en lo que has aprendido esta semana. En los renglones a continuación, escribe al menos tres maneras en que puedes mejorar tu escrito.

Aunque es considerado anticuado por algunas personas, el código morse todavía debe usarse en tiempos modernos. Samuel Morse inventó el código morse en la década de 1830. Envió el primer mensaje desde Washington D. C. a Baltimore. La comunicación a través de este código es bastante segura. Dado que no todos lo conocen, es poco probable que el mensaje llegue a manos equivocadas. Además, el equipo necesario no es costoso y transmitir los mensajes es fácil. Sin embargo, es lento y lleva tiempo. El código morse se usa en todo el mundo y lo comprenden receptores de todos los países, independientemente del idioma que hablen. Hay muchas cosas buenas en la tecnología moderna, pero el código morse aún tiene un lugar en la comunicación actual.

_____

_____

_____

_____

_____

_____

_____

_____

_____

Esta semana, aprendí lo siguiente:

- a incluir solo información relevante

- a usar pistas contextuales al escribir

NOMBRE: _____ **FECHA:** _____

Instrucciones: Lee la información sobre telegramas y mensajes de correo electrónico. Luego, haz una lluvia de ideas y opiniones que tengas sobre cada uno.

Un **telegrama** es una forma de comunicación enviada a través de un telégrafo. Un operador recibe el mensaje, lo escribe y luego es entregado en mano al destinatario. Los mensajes a menudo son muy cortos y contienen información de emergencia.

- _____

- _____
  _____

- _____
  _____

- _____

Un **mensaje de correo electrónico** es una forma de comunicación enviada a través de Internet mediante un dispositivo electrónico. El emisor tipea un mensaje, lo envía a una dirección de correo electrónico y el mensaje de correo electrónico aparece en el dispositivo electrónico del destinatario. La longitud de los mensajes varía y pueden ser sobre cualquier tema.

- _____

- _____
  _____

- _____
  _____

- _____

NOMBRE: _____ **FECHA:** _____

Instrucciones: ¿Preferirías recibir un telegrama o un mensaje de correo electrónico? Explica por qué desearías recibir uno en lugar del otro. Usa las notas de la página 59 como ayuda para redactar el borrador de tu párrafo de opinión.

_____

_____

_____

_____

_____

_____

_____

_____

_____

_____

_____

¡Recuerda!

Un párrafo de opinión sólido debe hacer lo siguiente:

- comenzar con una oración introductoria que dé a conocer tu opinión

- incluir detalles que respalden tu opinión

- terminar con una oración final

Práctica para escribir en cursiva *abc*

Instrucciones: Usa letra cursiva para escribir la palabra *telegrama*. Luego, usa letra cursiva para escribir los nombres de tres personas a las que crees que les gustaría recibir telegramas.

_____   _____

_____   _____

NOMBRE: _____ **FECHA:** _____

Instrucciones: Lee las oraciones con pistas contextuales que ayudan a explicar las palabras subrayadas. Luego, responde las preguntas.

1. El ruido de la sala <u>perturbaba</u> a Myra porque estaba intentando concentrarse en su mensaje.

   ¿Qué significa *perturbaba*? ¿Cómo ayudó a explicarlo la pista contextual?

   _____

   _____

   _____

2. El mensaje <u>superfluo</u> era de dos páginas, pero podría haber sido de una.

   ¿Qué significa *superfluo*? ¿Cómo ayudó a explicarlo la pista contextual?

   _____

   _____

   _____

3. El operador estuvo muy <u>atento</u>, o prestó mucha atención, al recibir el mensaje en telegrama.

   ¿Qué significa *atento*? ¿Cómo ayudó a explicarlo la pista contextual?

   _____

   _____

   _____

¡Hora de mejorar!

Lee el párrafo que escribiste en la página 60. Busca palabras que tu lector posiblemente no sepa. Considera agregar pistas contextuales como ayuda para aclarar esas palabras engañosas.

Corrección Telegramas

NOMBRE: _____ FECHA: _____

Instrucciones: Lee cada par de homófonos. Escribe una oración que incluya las dos palabras de cada par.

1. *ablando* y *hablando*

_____

_____

2. *agito* y *ajito*

_____

_____

3. *hola* y *ola*

_____

_____

4. *asar* y *azar*

_____

_____

5. *barón* y *varón*

_____

_____

· ·

¡Hora de mejorar!

Vuelve a leer el párrafo de opinión que escribiste en la página 60. ¿Tienes algún homófono? Si es así, asegúrate de haberlo usado correctamente.

NOMBRE: _____ **FECHA:** _____

Instrucciones: ¿Preferirías recibir un telegrama o un mensaje de correo electrónico? Explica por qué desearías recibir uno en lugar de otro.

_____

_____

_____

_____

_____

_____

_____

_____

_____

_____

_____

_____

_____

_____

NOMBRE: _____ **FECHA:** _____

Instrucciones: Lee los datos del gran danés, una raza de perros. Toda la información es verdadera, pero hay demasiados datos para un solo párrafo. Coloca marcas de verificación junto a entre tres y cinco datos que consideres importantes para incluir en un párrafo informativo/explicativo sobre las características físicas del gran danés.

Datos:

_____ una de las razas de perros más grandes

_____ conocido como los "gentiles gigantes" y el "Apolo de los perros"

_____ buenos con los niños

_____ la expectativa de vida es de alrededor de ocho años

_____ originalmente fue un perro de caza, ahora es una mascota

_____ los machos pesan entre 120 y 200 libras (54 a 91 kilogramos), las hembras entre 100 y 130 libras (45 a 59 kilogramos)

_____ el perro más grande en el *Libro Guinness de los récords 2014*

_____ los colores son: negro, beige (castaño amarillento con "máscara" negra en la cara), berrendo (beige y negro mezclados) y arlequín (blanco con grandes marcas negras)

_____ necesita caminar diariamente, pero no es una raza que ejercite mucho

_____ las orejas pueden recortarse (cortar de modo que queden paradas) o dejarse naturales (caídas)

_____ la camada promedio es de seis a ocho cachorros

NOMBRE: _____ **FECHA:** _____

Instrucciones: Lee el párrafo sobre las características físicas del gran danés. Luego, responde la pregunta a continuación.

El gran danés es una raza de perros conocidos como los "gentiles gigantes." Son gentiles con los niños y son muy buenas mascotas para la familia. Son una de las razas de perros más grandes del mundo. El récord mundial de 2014 para el perro más grande fue un gran danés llamado Zeus. Originalmente, se usaban para cazar, pero ahora son principalmente mascotas. Los machos pesan entre 120 y 200 libras (54 a 91 kilogramos) y las hembras entre 100 y 130 libras (45 a 59 kilogramos). Las orejas son naturalmente caídas, pero a veces se recortan para que queden paradas. La esperanza de vida de un gran danés es de alrededor de ocho años. Pueden tener cuatro tipos de pelaje diferente: negro, beige (castaño amarillento con "máscara" negra en la cara), berrendo (beige y negro mezclados) y arlequín (blanco con grandes marcas negras). ¡El gran danés es un mascota fabulosa y grande!

1. Subraya una oración que crees que no debe estar en el borrador. ¿Por qué no pertenece?

_____

_____

_____

Práctica para escribir en cursiva *abc*

Instrucciones: Usa letra cursiva para escribir un dato sobre el gran danés.

_____

_____

NOMBRE: _____ **FECHA:** _____

Revisión

Gran danés

Instrucciones: Lee las oraciones. Si es correcto, coloca una *C* en el renglón. Si es una oración mal formada, coloca *OMF* en el renglón. Corrige cualquier oración mal formada usando comas y conjunciones, según corresponda.

_____ **1.** El gran danés tiene pelo corto requiere cepillado una vez a la semana.

_____

_____

_____ **2.** Recortar las orejas del gran danés es ilegal en la mayor parte de Europa.

_____

_____

_____ **3.** El gran danés necesita caminar diariamente no es un perro que ejercite mucho.

_____

_____

_____ **4.** Esta raza necesita estar rodeada de personas puede ponerse ansiosa.

_____

_____

¡Recuerda!

Hay una oración mal formada cuando dos oraciones completas se unen sin puntuación. Para corregir una, introduce una conjunción tal como *y*, *pero* y *o*, y comas según corresponda.

Ejemplo: Las mascotas nos enseñan cómo ser responsables *y* traen alegría a las familias.

NOMBRE: _____ **FECHA:** _____

Instrucciones: Lee las oraciones. Complétalas con verbos compuestos con *estar*. Usa las claves del contexto para saber qué tiempo verbal usarás.

1. Ayer nosotros _____ tomando fotografías con unos amigos.

2. Mañana se _____ llevando a cabo la carrera.

3. Los niños _____ corriendo con los perros mientras esperan a que terminemos de preparar la cena.

4. En este momento _____ haciendo mi tarea.

¡Refuerza tu aprendizaje!

Los **verbos compuestos con estar** muestran acción continua. Para formarlos, usa el verbo estar y verbos con la terminaciones *ando*, *iendo*, *yendo*.

Ejemplos

Lisa **estaba correteando** a su perro por la calle.

Le **está enseñando** a su perro a que vaya donde ella está.

Cuando lo aprenda **estará corriendo** hacia ella cada que lo llame.

NOMBRE: _____ **FECHA:** _____

Instrucciones: Piensa en lo que has aprendido esta semana. Escribe notas en los márgenes sobre qué hace que este párrafo sea sólido.

El gran danés es una raza de perros conocidos como los "gentiles gigantes". Son gentiles con los niños y son muy buenas mascotas para la familia. Son una de las razas de perros más grandes del mundo. Originalmente, se usaban para cazar, pero ahora son principalmente mascotas. Los machos pesan entre 120 y 200 libras (54 a 91 kilogramos) y las hembras entre 100 y 130 libras (45 a 59 kilogramos). Sus orejas son naturalmente caídas, pero a veces se recortan para que queden paradas. La esperanza de vida de un gran danés es de alrededor de ocho años. Pueden tener cuatro tipos de pelaje diferente: negro, beige (castaño amarillento con "máscara" negra en la cara), berrendo (beige y negro mezclados) y arlequín (blanco con grandes marcas negras). ¡El gran danés es un mascota fabulosa y grande!

Esta semana, aprendí lo siguiente:

- a incluir detalles sólidos que respalden la idea principal
- a corregir oraciones seguidas con comas y conjunciones
- cómo usar tiempos verbales correctamente

NOMBRE: _____ FECHA: _____

Instrucciones: Lee los temas principales para escribir un párrafo informativo/explicativo sobre los chihuahueños, una raza de perros. Elige un tema y coloca una marca de verificación al lado. Luego, lee los datos. Coloca asteriscos junto a los datos que respaldan el tema que elegiste.

> **Temas principales**
>
> _____ características físicas
>
> _____ historia de la raza
>
> _____ temperamento y personalidad

Datos:

_____ raza de perros más pequeños que pesan de 4 a 6 libras
(2 a 3 kilogramos)

_____ se hallaron en México vasijas de arcilla que datan del año 100 d. C.
con perros parecidos a los chihuahueños modernos.

_____ pueden tener pelo corto o largo

_____ se consideran una raza de perros difíciles de adiestrar, o entrenar

_____ reciben el nombre de un estado de México llamado Chihuahua

_____ inteligentes y leales con sus dueños

_____ su expectativa de vida es de 12 a 20 años

_____ posiblemente descendieron del feneco, que es pequeño con ojos y orejas
grandes

_____ los pelajes pueden ser de cualquier color, de un solo color o de varios
colores

_____ les gusta esconderse entre almohadas y mantas

NOMBRE: _____ **FECHA:** _____

Instrucciones: Escribe un párrafo sobre los chihuahueños. Incluye datos específicos sobre la raza e incluye características físicas, historia de la raza y personalidad. Usa las notas de la página 69 como ayuda para redactar el borrador de tu párrafo informativo/explicativo.

_____

_____

_____

_____

_____

_____

_____

_____

_____

_____

_____

¡Recuerda!

Un párrafo informativo/explicativo sólido debería incluir lo siguiente:

- una oración introductoria y una oración final

- detalles que respaldan la idea principal

Práctica para escribir en cursiva *abc*

Instrucciones: Escribe las siguientes palabras en letra cursiva: *chihuahueño*, *México* y *feneco*.

_____

_____

_____

NOMBRE: _____ FECHA: _____

Instrucciones: Lee el párrafo. Busca oraciones mal formadas. Usa el símbolo ∧ para introducir conjunciones y comas, según corresponda.

Los cachorros recién nacidos son bonitos necesitan mucha ayuda durante sus primeras semanas. Los cachorritos nacen ciegos, sordos y sin dientes. No pueden ni mantener la temperatura de su cuerpo se acurrucan juntos para mantenerse calentitos. En la primera semana, duplican el peso de su cuerpo y pasan el 90 por ciento del tiempo durmiendo. Después de dos semanas, los oídos y ojos sellados se abren a la tercera semana, comienzan a caminar. En poco tiempo, los cachorritos están corriendo y jugando juntos.

¡Hora de mejorar!

Vuelve a leer el párrafo que escribiste en la página 70 sobre los chihuahueños. ¿Tienes alguna oración mal formada? Si es así, asegúrate de corregirla.

NOMBRE: _____ **FECHA:** _____

Directions: Escribe los verbos compuestos con *estar* para cada oración. Debajo de cada renglón está el otro verbo que debes usar. Ya hay una oración completada como ejemplo.

en imperfecto

1. Los perritos ___estaban viendo___ toda la comida.
   (ver)

2. El dueño _____ en darles más comida.
   (pensar)

en presente

3. Hoy, él les _____ el doble de comida.
   (dar)

4. Los perritos se _____ cada pedacito de comida.
   (devorar)

en futuro

5. Mañana la familia _____ más comida para perros.
   (comprar)

6. ¡Los perritos _____ más rápido que nunca!
   (crecer)

¡Hora de mejorar!

Observa el párrafo que escribiste en la página 70. Presta atención al tiempo verbal. ¿Hay verbos compuestos con estar en tu escrito? Si es así, asegúrate de haberlos usado correctamente.

NOMBRE: _____ **FECHA:** _____

Publicación

Chihuahueños

Instrucciones: Escribe un párrafo sobre los chihuahueños. Incluye datos específicos sobre la raza e incluye características físicas, historia de la raza y personalidad.

_____

_____

_____

_____

_____

_____

_____

_____

_____

_____

_____

_____

_____

_____

_____

NOMBRE: _____ **FECHA:** _____

Instrucciones: A continuación, hay ideas para escribir un párrafo narrativo sobre senderismo en el Parque Nacional de Yosemite en California. Decide si las notas van en la introducción, en el desarrollo o al final del párrafo. Luego, cópialas en las secciones correctas.

- detenerse a buscar agua en un arroyo
- reunir suministros para senderismo en el campamento

- observar ciervos, zorros y linces al caminar
- caminar de vuelta al campamento

- escalar hasta la cima de la montaña y observar el territorio

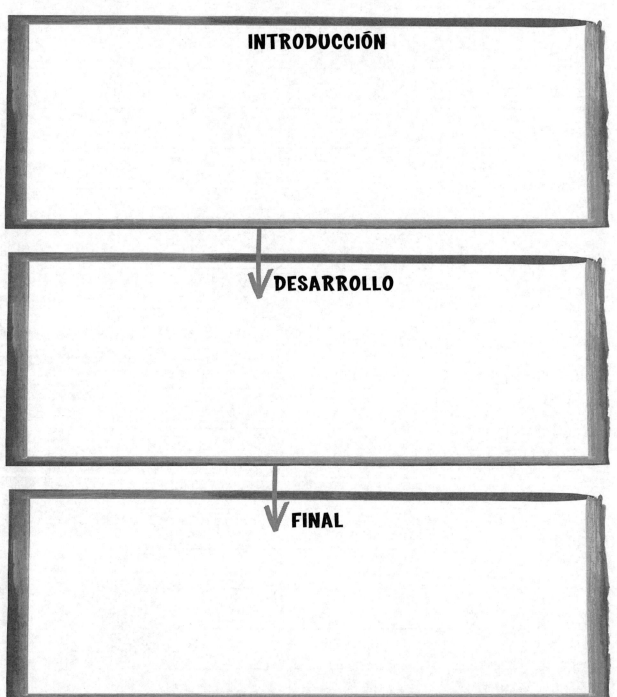

INTRODUCCIÓN

DESARROLLO

FINAL

126829—180 Days of Writing—Spanish   © Shell Education

NOMBRE: _____ **FECHA:** _____

Instrucciones: Lee el párrafo narrativo sobre senderismo en Yosemite. Luego, responde la pregunta.

> Oliver se despertó temprano porque estaba entusiasmado de ir a caminar en Yosemite. Recogió su mochila y se aseguró de tener refrigerios saludables y su cantimplora. Justo después del desayuno, Oliver y su hermano comenzaron a caminar cuesta arriba, al pico pequeño que estaba junto a su campamento. Desde la cima, observaron el hermoso territorio. Mientras bajaban, buscaron vida silvestre y vieron un ciervo, un zorro y hasta un lince grande a la distancia. Se detuvieron en un arroyo transparente, Oliver cargó su cantimplora y se salpicó con agua fresca en la cara. Aunque los hermanos estaban cansados por la caminata, corrieron de vuelta al campamento para contarles a sus padres sobre su divertido día.

1. Describe un motivo por el cual este es un buen borrador para una narración.

_____

_____

_____

Práctica para escribir en cursiva *abc*

Instrucciones: Usa letra en cursiva para escribir una oración que diga lo que desearías hacer si visitaras el Parque Nacional de Yosemite.

_____

_____

NOMBRE: _____ **FECHA:** _____

Instrucciones: Lee las oraciones. Escribe dos adjetivos que podrían reemplazar cada palabra subrayada.

1. Observaron el <u>hermoso</u> territorio.

   _____   _____

2. Oliver vio un lince <u>grande</u> a la distancia.

   _____   _____

3. Se salpicó con agua <u>fría</u> en la cara.

   _____   _____

4. Los hermanos contaron a sus padres sobre su <u>divertido</u> día.

   _____   _____

¡Refuerza tu aprendizaje!

No todos los adjetivos se forman de la misma manera. Algunos adjetivos son **sinónimos** y tienen un significado parecido. Lee cómo una palabra puede marcar la diferencia.

- Nadia es una persona *amable*.
- Nadia es una persona *amigable*.
- Nadia es una persona *educada*.

Asegúrate de elegir adjetivos que sean interesantes y específicos.

NOMBRE: _____ FECHA: _____

Instrucciones: A cada oración le falta la puntuación correcta de diálogo. Usa el símbolo ∧ para introducir rayas de diálogo y la puntuación correspondiente para cada oración.

1. Las secuoyas son tan altas dijo el excursionista.

2. Yosemite se inició en 1890 dijo el guía del recorrido.

3. Nunca antes había visto algo tan hermoso dijo el visitante.

4. Es hora de dormir porque mañana vamos a caminar dijo Papá.

5. Volvamos el año próximo dijo el hijo.

¡Refuerza tu aprendizaje! 🚀

A continuación, te presentamos algunos consejos sobre cómo usar la **raya de diálogo:**

- La raya de diálogo se pone antes de la intervención de un personaje y también antes de la intervención del narrador.

- Lo que dice un personaje comienza con mayúscula. Si el narrador usa un verbo de habla (*decir*, *añadir*, *preguntar*, *exclamar*, *asegurar*, etc.) la intervención del mismo comienza en minúscula.

- No debe dejarse espacio entre la raya de diálogo y el comienzo de las intervenciones.

  Ejemplo: —El Parque Nacional de Yosemite se encuentra en California —explicó la maestra.

- Si lo que dice una persona está después del comentario del narrador, coloca dos puntos para introducir lo que se dice y comienza lo que dice la persona en el renglón siguiente.

  Ejemplo: El niño dijo:
  —Me gustaría conocer el parque Yosemite algún día.

Publicación

Yosemite

NOMBRE: _____ **FECHA:** _____

Instrucciones: Repasa la narración sobre senderismo. Agrega notas en los márgenes donde podría agregarse diálogo.

Oliver se despertó temprano porque estaba entusiasmado de ir a caminar en Yosemite. Recogió su mochila y se aseguró de tener refrigerios saludables y su cantimplora. Justo después del desayuno, Oliver y su hermano comenzaron a caminar cuesta arriba, al pico pequeño que estaba junto a su campamento. Desde la cima, observaron el hermoso territorio. Mientras bajaban, buscaron vida silvestre y vieron un ciervo, un zorro y hasta un lince grande a la distancia. Se detuvieron en un arroyo transparente, Oliver cargó su cantimplora y se salpicó con agua fresca en la cara. Aunque los hermanos estaban cansados por la caminata, corrieron de vuelta al campamento para contarles a sus padres sobre su divertido día.

Esta semana, aprendí lo siguiente:

- a incluir una introducción, un desarrollo y un final

- a elegir adjetivos específicos

- a usar correctamente las rayas de diálogo y los signos de puntuación correspondientes en el diálogo

126829—180 Days of Writing—Spanish

© Shell Education

NOMBRE: _____ **FECHA:** _____

Instrucciones: Imagina que dos amigos van a caballo en un recorrido por el Gran Cañón. Usa el diagrama de flujo para escribir algunas ideas para la introducción, el desarrollo y el final de tu narración. Usa tu imaginación y cualquier tipo de información que conozcas sobre el Gran Cañón.

Preescritura

El Gran Cañón

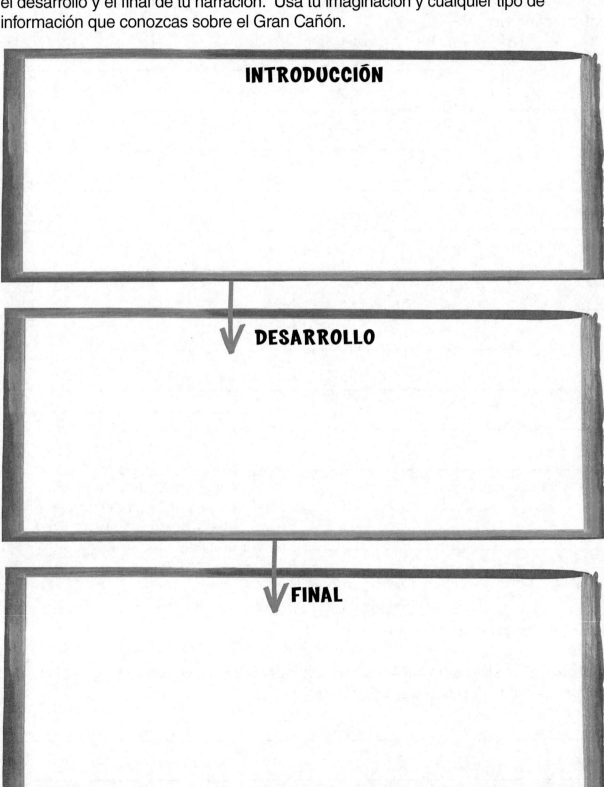

INTRODUCCIÓN

DESARROLLO

FINAL

Borrador

El Gran Cañón

NOMBRE: _____ **FECHA:** _____

Instrucciones: Imagina que estás haciendo un recorrido a caballo en el Gran Cañón. Describe la experiencia e incluye detalles sobre cómo te sientes y cómo luce el paisaje. Usa tus notas de la página 79 como ayuda para redactar el borrador de tu párrafo narrativo.

_____

_____

_____

_____

_____

_____

_____

_____

_____

_____

_____

_____

¡Recuerda!

Un párrafo narrativo sólido cuenta una historia con una introducción, un desarrollo y un final.

Práctica para escribir en cursiva *abc*

Instrucciones: Usa letra cursiva para responder la siguiente pregunta: *¿Desearías visitar el Gran Cañón o la playa? ¿Por qué?*

_____

_____

NOMBRE: _____ FECHA: _____

Instrucciones: Lee las oraciones aburridas. Haz que cada una sea más interesante agregándole adjetivos.

Aburrida: Mi familia y yo hicimos descenso en balsa en el Gran Cañón.

Nueva y mejorada:

Aburrida: Todos tenían miedo, excepto yo.

Nueva y mejorada:

Aburrida: El agua estaba turbulenta.

Nueva y mejorada:

Aburrida: Una de las mochilas cayó de la balsa.

Nueva y mejorada:

¡Hora de mejorar!

Vuelve a leer el párrafo narrativo que escribiste en la página 80. ¿Tienes adjetivos interesantes y específicos? Añade sabor a tu escrito agregando algunos.

Corrección

El Gran Cañón

NOMBRE: _____ **FECHA:** _____

Instrucciones: Lee cada dicho de Eli a su mamá. Luego, escribe una respuesta de parte de su mamá. Asegúrate de usar la puntuación correcta. Se incluye el primer ejemplo.

1. Eli dijo:
   —Espero con ansia ir de campamento al Gran Cañón.

   Mamá dijo:
   —Será divertido pasar tiempo con nuestra familia.

2. —¡Creo que descender en balsa por el agua será la mejor parte! —exclamó Eli.

   _____

3. Eli dijo:
   —Espero ver muchos animales salvajes.

   _____

   _____

4. —Es un paseo dificultoso y abrupto hasta la parte inferior del cañón —dijo Eli en voz alta.

   _____

5. Eli gritó:
   —¡No puedo creer lo hermoso que es este lugar!

   _____

   _____

¡Hora de mejorar!

Vuelve a leer el párrafo que escribiste en la página 80 sobre el Gran Cañón. Asegúrate de que en los diálogos se usen correctamente las rayas de diálogo y los signos de puntuación correspondientes. Si tu párrafo no tiene ningún diálogo, agrega al menos una línea.

NOMBRE: _____ **FECHA:** _____

Instrucciones: Imagina que estás haciendo un recorrido a caballo en el Gran Cañón. Describe la experiencia e incluye detalles sobre cómo te sientes y cómo luce el paisaje.

_____

_____

_____

_____

_____

_____

_____

_____

_____

_____

_____

_____

_____

Preescritura

Cuatro cuadrados

NOMBRE: _____ **FECHA:** _____

Instrucciones: Lee las notas a continuación. Coloca marcas de verificación junto a entre cinco y siete cosas que creas deban incluirse en un párrafo narrativo personal sobre cuatro cuadrados.

_____ Jugué el miércoles cuando estaba ventoso.

_____ Nick quería columpiarse.

_____ Marco se la pasaba atrapando la pelota.

_____ Meg pateó la pelota por accidente.

_____ Los maestros del recreo estaban mirando la cancha de fútbol.

_____ Marco discutió que la pelota había picado sobre la línea.

_____ Lauren estaba sola, entonces la invitamos a unírsenos.

_____ Las niñas estaban saltando la cuerda muy cerca.

_____ Nunca salí.

© Shell Education

NOMBRE: _____ FECHA: _____

Instrucciones: Lee el párrafo narrativo sobre el juego cuatro cuadrados. Algunas de las oraciones no están en orden. Ordena las oraciones del medio de 1 a 5 en un orden que tenga sentido para ti.

> El miércoles pasado, algunos amigos y yo nos divertimos jugando a cuatro cuadrados durante el recreo. _____Marco se la pasaba atrapando la pelota y tuvimos que recordarle que solo debía pegarle. _____Una vez Meg se confundió y pateó la pelota, lo cual fue muy gracioso. _____Una niña estaba sola, sin jugar con nadie, entonces la invitamos a unírsenos. _____Marco también discutió con nosotros que la pelota había picado sobre la línea cuando sacó. _____Lo mejor del juego es que no salí nunca del juego. ¡Jugar cuatro cuadrados fue realmente divertido!

Práctica para escribir en cursiva *abc*

Instrucciones: Usa cursiva para escribir una cosa que te guste sobre cuatro cuadrados.

_____

_____

Revisión

Cuatro cuadrados

NOMBRE: _____ **FECHA:** _____

Instrucciones: Lee las oraciones. Sombrea el círculo con el sinónimo correcto para cada palabra subrayada. Luego, escribe tu propio par de sinónimos.

1. ¡Cuatro cuadrados es <u>divertido</u>!

   Ⓐ entretenido

   Ⓑ complicado

   Ⓒ fácil

3. Las reglas son <u>flexibles</u>.

   Ⓐ difíciles

   Ⓑ simples

   Ⓒ cambiables

2. Los jugadores pueden <u>golpear</u> la pelota con las manos.

   Ⓐ palmear

   Ⓑ atrapar

   Ⓒ rozar

4. Para el juego se usa <u>un equipo</u> sencillo.

   Ⓐ ganadores

   Ⓑ ropa

   Ⓒ instrucciones

5. _____   _____

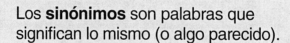

¡Refuerza tu aprendizaje!

Los **sinónimos** son palabras que significan lo mismo (o algo parecido).

Ejemplos: *grande* y *enorme*, *pequeño* y *diminuto*, *jarro* y *taza*

NOMBRE: _____ **FECHA:** _____

Instrucciones: Usa las palabras del banco de palabras para escribir los pronombres relativos que faltan en las oraciones.

Banco de palabras

| quien | cuyo | que |

1. La Sra. Grey, a _____ contrató la escuela, es una excelente maestra de Educación Física.

2. Cherise prefiere jugar con una pelota _____ trajo de casa.

3. Caleb, _____ es un gran jugador, siempre es elegido primero.

4. Terry, _____ juego no es el mejor, siempre culpa al jugador que tiene el saque.

5. El patio de juegos, _____ está pavimentado, es un excelente lugar donde jugar.

¡Refuerza tu aprendizaje!

Un **pronombre** es una palabra que reemplaza a un sustantivo.

Ejemplos: *el, ella* y *ellos/ellas*

Las palabras como las que se usan en esta actividad se llaman **pronombres relativos**.

Publicación

Cuatro cuadrados

NOMBRE: _____ **FECHA:** _____

Instrucciones: Lee el párrafo. Luego, responde las preguntas.

El miércoles pasado, algunos amigos y yo nos divertimos jugando a cuatro cuadrados durante el recreo. Una niña estaba sola, sin jugar con nadie, entonces la invitamos a unírsenos. Marco se la pasaba atrapando la pelota y tuvimos que recordarle que solo debía pegarle. Marco también discutió con nosotros que la pelota había picado sobre la línea cuando sacó. Una vez Meg se confundió y pateó la pelota, lo cual fue muy gracioso. Lo mejor de jugar es que no salí nunca del juego. ¡Jugar cuatro cuadrados fue realmente entretenido!

Esta semana, aprendí lo siguiente:

- a incluir información relevante
- a organizar mis ideas
- a usar adjetivos interesantes

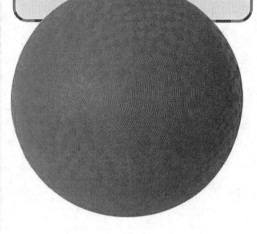

1. Analiza dos ventajas del párrafo.

_____

_____

_____

2. ¿Qué consejo le darías al autor sobre cómo mejorar este párrafo?

_____

_____

_____

NOMBRE: _____ **FECHA:** _____

Instrucciones: Piensa en alguna vez que hayas jugado *kickball*. Escribe lo que piensas sobre ese juego en la derecha. Si no has jugado *kickball*, usa tu imaginación para escribir tus notas. Luego, coloca asteriscos a entre cuatro y seis ideas que desearías incluir en un párrafo narrativo personal sobre el juego *kickball*.

NOMBRE: _____ **FECHA:** _____

Borrador
Kickball

Instrucciones: Escribe sobre una vez en que hayas jugado *kickball*. Describe la experiencia e incluye detalles sobre con quién jugaste y cómo fue el juego. Usa las notas de la página 89 como ayuda para redactar el borrador de tu párrafo narrativo personal.

_____

_____

_____

_____

_____

_____

_____

_____

_____

_____

¡Recuerda!

Una narración personal sólida:

- trata sobre ti
- tiene una introducción, un desarrollo y un final
- parece una historia

Práctica para escribir en cursiva *abc*

Instrucciones: Usa letra cursiva para escribir una regla de *kickball*.

_____

_____

NOMBRE: _____ **FECHA:** _____

Instrucciones: Escribe tres adjetivos para cada sustantivo en la tabla. Luego, usa algunos de tus adjetivos para mejorar las siguientes oraciones.

El tiempo hoy	Una pelota de kickball	Estudiante

1. El estudiante pateó la pelota de *kickball* durante el recreo.

   _____

   _____

2. La pelota de *kickball* voló por encima de la cabeza del estudiante.

   _____

   _____

3. El tiempo no pudo impedir que el estudiante jugara.

   _____

   _____

¡Hora de mejorar!

Repasa el párrafo narrativo personal que escribiste en la página 90 sobre *kickball*. ¿Usaste algún adjetivo? Si no es así, agrega algunos para hacer que tu escrito sea más interesante.

Corrección

Kickball

NOMBRE: _____ **FECHA:** _____

Instrucciones: Lee el párrafo sobre *kickball*. Los pronombres subrayados no son correctos. Usa el símbolo ℒ para eliminar las palabras incorrectas. Luego, usa el símbolo ∧ para introducir las palabras correctas del banco de pronombres relativos. **Nota:** Puedes usar un pronombre relativo más de una vez.

> **Banco de pronombres relativos**
>
> quien   cuyos   que

Aunque se inventó a comienzos del siglo xx, *kickball* es un juego <u>cuyo</u> comenzó a ganar popularidad entre los niños en edad escolar en la década de 1970. El campo, <u>quien</u> es similar al del béisbol, tiene tres bases, un plato, el área del lanzador y un campo externo. Nicholas C. Seuss, <u>que</u> inventó el *kickball*, escribió un libro de juegos de patio de recreo en 1917 y llamó al nuevo deporte "Kick Baseball" (béisbol con los pies). Daniel Chase, a <u>cual</u> contratara el Consejo de Educación del Estado de Nueva York, escribió sobre el primer partido conocido de *kickball* entre adultos en 1922. Los niños, <u>a quienes</u> recursos a veces son limitados, pueden jugar fácilmente en un campo abierto con tan solo una pelota. Hoy, pueden verse niños jugando *kickball* en casi todos los patios de juego durante los recreos.

¡Hora de mejorar!

Vuelve a leer el párrafo narrativo personal que escribiste en la página 90 sobre *kickball*. Si tienes algún pronombre relativo, asegúrate de que esté usado correctamente.

NOMBRE: _____ **FECHA:** _____

Instrucciones: Escribe sobre una vez en que hayas jugado *kickball*. Describe la experiencia e incluye detalles sobre con quién jugaste y cómo fue el juego.

_____

_____

_____

_____

_____

_____

_____

_____

_____

_____

_____

_____

_____

_____

_____

_____

NOMBRE: _____ FECHA: _____

Instrucciones: Coloca marcas de verificación en los círculos que pertenecen a un párrafo informativo/explicativo sobre el primer vuelo de Wilbur y Orville Wright.

Los franceses se mostraron escépticos de que se hubiera realizado.

El primer vuelo fue el 17 de diciembre de 1903, en Kitty Hawk, Carolina del Norte.

Fue el primer vuelo accionado a motor con una persona a bordo.

Primer vuelo

Los hermanos fabricaron el avión en su bicicletería.

Orville cubrió 120 pies (37 metros) en 12 segundos.

Ambos, Orville y Wilbur, volaron más tarde ese día.

Los hermanos eligieron Kitty Hawk, Carolina del Norte, por el viento y la arena suave.

NOMBRE: _____ **FECHA:** _____

Instrucciones: Lee el párrafo informativo/explicativo sobre el primer vuelo de los hermanos Wright. Luego, responde la pregunta.

Los hermanos Wright hicieron historia y cumplieron con el sueño de sus vidas cuando volaron por primera vez. El histórico vuelo fue el 17 de diciembre de 1903, en Kitty Hawk, Carolina del Norte. Cuando los franceses se enteraron, se mostraron escépticos de que el vuelo realmente se hubiera realizado. Kitty Hawk era ventoso, lo cual ayudaría con el vuelo, y tenía una playa arenosa, lo cual sería bueno en caso de estrellarse. Orville fue el primer piloto y cubrió 120 pies (37 metros) en 12 segundos. El avión fue algo más que un planeador con motor. Ese día, los hermanos volaron por turnos. Fue un día que trazó el camino de la aviación moderna.

1. Tacha una oración que pienses que deba sacarse. Explica por qué debe eliminarse.

_____

_____

_____

Práctica para escribir en cursiva *abc*

Instrucciones: Usa letra cursiva para escribir *Orville y Wilbur Wright, los primeros en volar*.

_____

_____

NOMBRE: _____ **FECHA:** _____

Instrucciones: Lee cada oración. Escribe en cada renglón la forma plural irregular del sustantivo.

1. Los hermanos Wright intentaron volar muchas _____ .
   (vez)

2. Escribían sus planes con _____ .
   (lápiz)

3. Sus aviones no eran muy _____ .
   (veloz)

4. Después de muchos intentos fueron _____ de volar.
   (capaz)

5. Alzaron sus _____ en alegría.
   (voz)

6. Los hermanos Wright estaban muy _____ de haber
   logrado su propósito.
   (feliz)

¡Refuerza tu aprendizaje! 🚀

Normalmente para que un sustantivo sea plural, simplemente le agregas -s o -es.

Ejemplo: hermano → hermanos

Algunos plurales son **irregulares** por terminar con z.

Ejemplo: atroz → atroces

NOMBRE: _____ **FECHA:** _____

Instrucciones: Lee las oraciones. Usa el símbolo ≡ para mostrar qué palabras deben llevar mayúscula inicial. Luego, escribe por qué las palabras necesitan escribirse con mayúscula inicial.

1. los hermanos wright hicieron historia y cumplieron con el sueño de sus vidas cuando volaron por primera vez.

_____

_____

2. el histórico vuelo fue el 17 de diciembre de 1903, en kitty hawk, carolina del norte.

_____

_____

3. orville y wilbur eran de ohio, pero fueron a carolina del norte para el vuelo.

_____

_____

¡Refuerza tu aprendizaje! 🚀

Los **sustantivos propios** nombran personas, lugares y cosas específicas. Siempre deben escribirse con mayúscula inicial. Usa el símbolo ≡ para indicar cuándo debe usarse mayúscula inicial en lugar de minúscula.

Ejemplo: El avión de los hermanos Wright se encuentra en el museo ṣmithsoniano.

NOMBRE: _____ **FECHA:** _____

Instrucciones: Piensa en lo que practicaste esta semana. En los márgenes, realiza una lista de al menos tres cosas que desearías hacer para mejorar el párrafo.

Los hermanos wright hicieron historia y cumplieron con el sueño de sus vidas cuando volaron por primera vez. El histórico vuelo fue el 17 de diciembre de 1903, en kitty hawk, carolina del norte. Cuando los franceses se enteraron, se mostraron escépticos de que el vuelo realmente se hubiera realizado. Kitty hawk era ventoso, lo cual ayudaría con el vuelo, y tenía una playa arenosa, lo cual sería bueno en caso de estrellarse. Orville fue el primer piloto y cubrió 120 pies (37 metros) en 12 segundos. El avión fue algo más que un planeador con motor. Ese día, los hermanos volaron por turnos. Fue un día que trazó el camino de la aviación moderna.

Wilbur

Esta semana, aprendí lo siguiente:

- a incluir ideas secundarias
- a usar mayúscula inicial en sustantivos propios
- a formar plurales irregulares

Orville

© Shell Education

NOMBRE: _____ **FECHA:** _____

Preescritura

Henry Ford

Instrucciones: Esta red se centra en la producción del automóvil de Henry Ford, el Modelo T. Coloca marcas de verificación en las partes de la red que deben incluirse en un párrafo informativo/explicativo.

Se fabricó con partes intercambiables, entonces el automóvil tardó menos tiempo en fabricarse.

A los trabajadores se les pagaron $5.00 al día; a la mayoría de los otros trabajadores se les pagaban $2.34 al día.

El hijo de Ford, Edsel, se hizo cargo de la compañía en 1919.

Se introdujo en octubre de 1908.

Se apodó "Tin Lizzie".

Producción del Modelo T

Ford no inventó el automóvil ni la cadena de montaje.

Se fabricó en una cadena de montaje móvil, de modo que el automóvil fue menos costoso de fabricar.

NOMBRE: _____ **FECHA:** _____

Instrucciones: Escribe sobre la producción del automóvil Modelo T de Henry Ford. Incluye datos sobre el Modelo T y los empleados que ayudaron a fabricar los automóviles. Usa la información de la página 99 como ayuda para redactar el borrador de tu párrafo informativo/explicativo.

_____

_____

_____

_____

_____

_____

_____

_____

_____

_____

_____

> **¡Recuerda!**
>
> Un buen párrafo informativo/explicativo incluye lo siguiente:
>
> - oraciones introductorias y finales
>
> - detalles que respaldan la idea principal

Práctica para escribir en cursiva *abc*

Instrucciones: Usa letra cursiva para escribir estos nombres: *Henry Ford*, *Modelo T* y *Tin Lizzie*.

_____

_____

_____

NOMBRE: _____ **FECHA:** _____

Instrucciones: Al párrafo que vas a leer le faltan palabras. Usa la forma plural de las palabras que hay en el banco de palabras para completar los espacios vacíos.

Banco de palabras

veloz	vez	incapaz	tenaz	luz

Los Modelo T no eran muy _____ pero fueron muy populares.

Henry Ford les agregó _____ para que fueran más seguros. La

familia Ford eran personas muy _____. Fueron _____

de dejar el negocio de los automóviles, por lo que han dejado un legado muy

importante. Hoy en día, muchas _____ los Modelos T se pueden

ven en exposiciones de automóviles antiguos.

¡Refuerza tu aprendizaje!

Si un sustantivo termina en -z, cambia la -z a -c y agrega -es.

Example: *arroz* ➔ *arroces*

¡Hora de mejorar!

Observa el párrafo que escribiste en la página 100 y busca plurales irregulares. Si los hay, asegúrate de haberlos escrito correctamente.

Corrección

Henry Ford

NOMBRE: _____ **FECHA:** _____

Instrucciones: Lee el párrafo sobre el Modelo T. Corrige cualquier error en el uso de mayúsculas usando los símbolos ≡ o ╱.

El modelo t, también llamado tin lizzie, no fue el primer automóvil inventado, pero era muy Popular. En plena popularidad, la mitad de los Automóviles de Estados Unidos eran modelo T. Únicamente venía en un solo color, negro, y henry ford bromeaba diciendo que los clientes podrían tener el automóvil de cualquier color que desearan, siempre y cuando fuera negro. También colocó el Volante a la izquierda, lo que se volvió estándar en estados unidos. El tin lizzie fue pionero en el Mundo Automotor.

¡Recuerda!

Usa los símbolos correctos para mostrar palabras que deben llevar mayúscula inicial o minúscula.

¡Hora de mejorar!

Lee detenidamente el párrafo que escribiste en la página 100 sobre el Modelo T. Asegúrate de que todos los sustantivos propios tengan mayúscula inicial.

NOMBRE: _____ **FECHA:** _____

Instrucciones: Escribe sobre la producción del automóvil Modelo T de Henry Ford. Incluye datos sobre el Modelo T y los empleados que ayudaron a fabricar los automóviles.

Preescritura
Snowboard

NOMBRE: _____ FECHA: _____

Instrucciones: Lee las notas de la narración en el diagrama de flujo. Coloca asteriscos junto a entre seis y ocho cosas que crees deben estar en un párrafo narrativo sobre un niño que está aprendiendo snowboard.

INTRODUCCIÓN

_____ nuevo en Utah y vio la práctica de snowboard por primera vez

_____ quería aprender

_____ parecía realmente difícil

DESARROLLO

_____ habló con su mamá sobre conseguir el equipo

_____ leyó artículos en Internet sobre los términos

_____ el más grande en la clase

_____ de principiantes

_____ se cayó muchas veces

_____ quería rendirse

FINAL

_____ descenso limpio bajando la montaña

_____ hizo amigos nuevos

_____ increíble sensación de logro

NOMBRE: _____ **FECHA:** _____

Instrucciones: Lee el párrafo narrativo sobre la experiencia de snowboard de Dante. Subraya las oraciones que piensas que son interesantes y que aportan algo a la historia.

Cuando Dante se mudó a Utah, vio personas practicando snowboard por primera vez. De inmediato quiso aprender. Le preguntó a su mamá sobre el equipo.

"¡Esas cosas son costosas!", exclamó. Pero le permitió que tomara lecciones. Como era el más grande en la clase para principiantes, a veces se sentía avergonzado, pero nunca se rindió. Hizo amigos nuevos. Se cayó una y otra vez, y cada vez sintió como si estuviera comenzando. Dante leyó artículos en Internet para aprender los diferentes términos y estudió los diferentes movimientos. Principalmente, quería hacer un giro. Entre las lecciones y el estudio, trabajaba mucho. Después de varias lecciones, finalmente logró un descenso limpio por la montaña.

"¡Esto es sorprendente!", gritó mientras disfrutaba de su increíble logro.

Práctica para escribir en cursiva *abc*

Instrucciones: Usa letra cursiva para escribir una pregunta que tengas sobre la práctica de snowboard.

_____

_____

Revisión
Snowboard

NOMBRE: _____ FECHA: _____

Instrucciones: Lee las oraciones. Escribe una expresión idiomática del banco de expresiones idiomáticas que podría reemplazar las palabras subrayadas en cada una.

Banco de expresiones idiomáticas

costar un ojo de la cara   empezar de cero   matar dos pájaros de un tiro

---

1. Se cayó una y otra vez, y cada vez sintió como si <u>estuviera comenzando</u>.

   _____

2. "Esas cosas <u>son costosas</u>", exclamó.

   _____

3. Puesto que a él le encanta la nieve y le encanta estar activo, la práctica de snowboard <u>tiene todas las ventajas</u>.

   _____

¡Refuerza tu aprendizaje! 🚀

Una **expresión idiomática** es una expresión que no puede comprenderse literalmente. Su significado es algo diferente.

Ejemplo: Tenía la respuesta <u>en la punta de la lengua</u>. Esto significa que sabía la respuesta, pero no le viene a la mente en ese momento.

NOMBRE: _____ **FECHA:** _____

Instrucciones: Agrega puntuación a las citas.

1. Esas cosas son costosas exclamó

2. Samuel preguntó
   Dónde está mi tabla de snowboard

3. Esto es sorprendente gritó

4. Puedo pedir tus gafas hoy Juana le preguntó a su hermano

5. Pero sobre todo él quería hacer un giro dijo Juana

¡Refuerza tu aprendizaje!

Cuando una cita es una exclamación o una pregunta, debes poner los signos de exclamación o interrogación dentro de las comillas. Si la oración termina después de las comillas de cierre, debes poner un punto final afuera de la comilla de cierre.

Ejemplos

"¡Cuidado!", exclamó James.

Papá preguntó: "A qué hora llegas a casa?".

Publicación Snowboard

NOMBRE: _____ **FECHA:** _____

Instrucciones: Vuelve a leer el párrafo narrativo. Piensa en lo que has aprendido esta semana. Escribe al menos tres sugerencias sobre cómo podrías mejorar el párrafo en las siguientes líneas.

> Cuando Dante se mudó a Utah, vio personas practicando snowboard por primera vez. De inmediato quiso aprender. Le preguntó a su mamá sobre el equipo. Esas cosas son costosas exclamó, pero le permitió que tomara lecciones. Como era el más grande en la clase para principiantes, a veces se sentía avergonzado, pero nunca se rindió. Hizo amigos nuevos. Se cayó una y otra vez, y cada vez sintió como si estuviera comenzando. Dante leyó artículos en Internet para aprender los diferentes términos y estudió los diferentes movimientos. Principalmente, quería hacer un giro. Entre las lecciones y el estudio, trabajaba mucho. Después de varias lecciones, finalmente logró un descenso limpio por la montaña. Esto es sorprendente gritó mientras disfrutaba de su increíble logro.

_____

_____

_____

_____

_____

_____

_____

_____

_____

Esta semana, aprendí lo siguiente:

- a escribir una narración con una introducción, un desarrollo y un final

- a usar expresiones idiomáticas

- a usar correctamente las comillas

NOMBRE: _____ **FECHA:** _____

Instrucciones: Usa el diagrama de flujo para escribir ideas para un párrafo narrativo sobre un niño de cuarto grado que patina sobre hielo por primera vez. Puedes usar tu imaginación o eventos de tus propias experiencias.

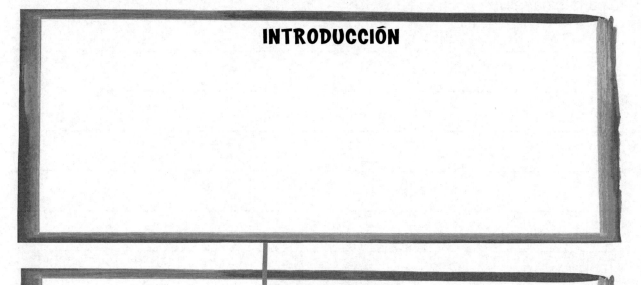

INTRODUCCIÓN

DESARROLLO

FINAL

Borrador

Patinaje sobre hielo

NOMBRE: _____ **FECHA:** _____

Instrucciones: Describe un momento en que un niño de cuarto grado patina sobre hielo por primera vez. Incluye detalles de la experiencia y cómo se sintió el personaje. Usa tus notas de la página 109 como ayuda para redactar el borrador de tu párrafo narrativo.

_____

_____

_____

_____

_____

_____

_____

_____

_____

_____

_____

> **¡Recuerda!**
>
> Un párrafo narrativo sólido tiene las siguientes características:
>
> • tiene una introducción, un desarrollo y un final;
>
> • relata los eventos en orden;
>
> • usa citas y descripciones.

Práctica para escribir en cursiva _abc_

Instrucciones: Usa letra cursiva para escribir dos cosas que te gusten acerca del patinaje sobre hielo.

_____

_____

126829—180 Days of Writing—Spanish
© *Shell Education*

NOMBRE: _____ **FECHA:** _____

Instrucciones: Escribe la letra correcta para hacer coincidir cada expresión idiomática con su significado. Luego, elige dos expresiones idiomáticas de la lista, y escribe una oración de cada expresión idiomática.

_____ **1.** muy fácil

_____ **2.** no poner atención

_____ **3.** no ayudar a alguien

_____ **4.** siempre juntos

_____ **5.** preocuparse por algo que no es un asunto importante

A. dar la espalda

B. ser pan comido

C. ser uña y carne

D. ahogarse en un vaso de agua

E. estar en la luna

6. _____

_____

7. _____

_____

¡Hora de mejorar!

¡Puede ser divertido escribir expresiones idiomáticas! Observa el párrafo que escribiste en la página 110 para ver si hay lugar para alguna en tu narración.

NOMBRE: _____ **FECHA:** _____

Instrucciones: Usa los símbolos ≡ y ∧ para corregir las citas.

1. ¡Caer duele! exclamó Jess.

2. ¿Cuándo vamos a la pista? preguntó Edward.

3. Sierra dijo los patines negros son mis favoritos.

4. Jeremiah preguntó ¿Llegaremos tarde a la práctica?

5. Me encanta patinar afirmó Rachael.

¡Hora de mejorar!

Repasa el párrafo que escribiste en la página 110. ¿Tienes alguna cita? Si es así, asegúrate de que tenga la puntuación correcta. Si no es así, trata de agregar unas citas.

¡Recuerda!

Si hay preguntas o exclamaciones, las comillas van afuera de los signos de interrogación y de exclamación.

NOMBRE: _____ **FECHA:** _____

Instrucciones: Describe un momento en que un niño de cuarto grado patina sobre hielo por primera vez. Incluye detalles de la experiencia y cómo se sintió el personaje.

Publicación

Patinaje sobre hielo

Preescritura

Mozart

NOMBRE: _____ FECHA: _____

Instrucciones: Mozart fue un compositor del siglo xviii que escribió sinfonías. Fue un genio de la música e interpretó para la realeza a los cinco años de edad. Piensa en esta pregunta: *¿Deberían haber solicitado a Mozart que interpretara a tan corta edad?* Si una de las siguientes ideas respalda el argumento, escribe *S* para "Sí". Si no lo respalda, escribe *N* para "No".

_____ 1. Debía compartir su talento con otros.

_____ 2. Era demasiado pequeño.

_____ 3. Había otras personas talentosas para realizar las interpretaciones.

_____ 4. La interpretación es demasiada presión.

_____ 5. Las personas hacían lo que la realeza ordenaba.

_____ 6. Interpretar para la realeza podía hacerlo famoso.

NOMBRE: _____ **FECHA:** _____

Instrucciones: Lee el párrafo de opinión. Argumenta que a Mozart se le debería haber solicitado que interpretara para la realeza. Subraya las partes que respaldan esta opinión.

Mozart fue un genio de la música cuyo padre tomó la decisión correcta de dejar que Mozart interpretara para la realeza a los cinco años de edad. Este niño tenía un talento sorprendente, que necesitaba ser compartido con otros. En los tiempos de Mozart, las personas tenían que hacer lo que decía la realeza. Él o su familia podrían haber sufrido graves consecuencias si se hubieran negado. Interpretar para la realeza fue demasiada presión para un niño tan pequeño. Había músicos de mayor edad que podrían haber interpretado para la realeza. Aunque Mozart era joven, interpretar era lo correcto para él.

Práctica para escribir en cursiva

Instrucciones: El nombre completo de Mozart era demasiado largo, así que generalmente se lo conocía como Wolfgang Amadeus Mozart. Usa letra cursiva para escribir su nombre completo.

_____

_____

Revisión | Mozart

NOMBRE: _____ **FECHA:** _____

Instrucciones: Reescribe las oraciones reemplazando las palabras subrayadas por los lexemas y los prefijos *re-*, *mal-* o *pre-* y borrando las palabras en negrita. Se ha incluido el primer ejemplo.

1. El pianista tiene que <u>intentar</u> tocar la complicada música **nuevamente**.

   El pianista tiene que reintentar tocar la complicada música.

2. Algunas personas piensan que fue <u>tratado</u> **incorrectamente** cuando niño.

   _____

   _____

3. Los músicos a menudo <u>ven</u> la música **antes** de tocarla.

   _____

   _____

4. Sarah <u>descubrió</u> su amor por la música clásica **nuevamente**.

   _____

   _____

¡Refuerza tu aprendizaje! 🚀

Un **prefijo** es un grupo de letras que se agregan al comienzo de un lexema, y que cambia el significado del lexema.

Ejemplos

- *re-* significa "nuevamente"
- *mal-* significa "incorrectamente"
- *pre-* significa "antes"

NOMBRE: _____ **FECHA:** _____

Instrucciones: Usa el símbolo ✐ para corregir la ortografía de las preposiciones.

1. Mozart pone su violín dento del estuche.

2. Apoya el estuche zobre el asiento.

3. Lo conducen hasia la hermosa sala.

4. Caminando a travéz de la gran sala, Mozart se prepara para tocar.

5. El rey asiente con la cabeza ha Mozart.

6. Coloca el violín devajo de su barbilla.

7. Respira hondo ante que la música comience.

8. Los reyes aplauden depués de su interpretación.

¡Refuerza tu aprendizaje!

Una **preposición** es una palabra que describe la relación entre dos sustantivos.

Ejemplos: *arriba, antes, en, cerca, sobre, a través do, debajo de*

NOMBRE: _____ **FECHA:** _____

Instrucciones: Lee el párrafo. Luego, responde la pregunta.

Mozart fue un genio de la música cuyo padre tomó la decisión correcta de dejar que Mozart interpretara para la realeza a los cinco años de edad. Este niño tenía un talento sorprendente, que necesitaba ser compartido con otros. En los tiempos de Mozart, las personas tenían que hacer lo que decía la realeza. Él o su familia podrían haber sufrido graves consecuencias si se hubieran negado. Interpretar para la realeza puede haber puesto demasiada presión en un niño tan pequeño. Había músicos de mayor edad que podrían haber interpretado para la realeza. Aunque Mozart era joven, interpretar era lo correcto para él.

Esta semana, aprendí lo siguiente:

- a usar detalles e información para respaldar mi opinión
- sobre los prefijos *pre-*, *re-* y *mal-*
- sobre preposiciones

1. ¿Qué consejo le darías al autor sobre cómo mejorar este párrafo?

_____
_____
_____
_____

NOMBRE: _____ **FECHA:** _____

Instrucciones: Lee la información sobre Beethoven. Luego, para responder la siguiente pregunta, completa la siguiente tabla.

Beethoven fue músico y compositor que vivió desde 1770 hasta 1827. Compuso cinco sinfonías y montones de obras musicales para piano y cuarteto de cuerdas. Beethoven estaba completamente sordo cuando compuso sus obras más importantes. Los estudiantes desde la escuela primaria hasta la universidad estudian su música.

¿Debería enseñarse aún hoy la música clásica de Beethoven?

Sí	No

NOMBRE: _____ FECHA: _____

Instrucciones: ¿Debería enseñarse aún hoy la música clásica de Beethoven? Explica tu razonamiento. Usa tus notas de la página 119 como ayuda para redactar el borrador de tu párrafo de opinión.

_____

_____

_____

_____

_____

_____

_____

_____

_____

_____

_____

_____

¡Recuerda!

Un párrafo de opinión sólido incluye lo siguiente:

- una oración introductoria que da a conocer tu opinión

- detalles que respaldan tu opinión

- una oración final que reafirma tu opinión

Práctica para escribir en cursiva abc

Instrucciones: Usa letra cursiva para escribir lo siguiente: *Ludwig van Beethoven, sinfonía, cuarteto*

_____

_____

_____

NOMBRE: _____ **FECHA:** _____

Instrucciones: Completa cada oración con un prefijo del banco de prefijos. Luego, usa uno de los prefijos para crear tus propias oraciones.

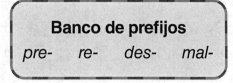

Banco de prefijos

pre-   re-   des-   mal-

1. Mozart _____cede a Beethoven por solo 14 años.

2. Beethoven daba conciertos mientras que hoy los niños de su edad están en _____escolar.

3. Fue _____afortunado que Beethoven quedara sordo, pero no permitió que eso lo detuviera.

4. Beethoven _____pasaba secciones de música cuando componía.

5. Puede haber habido veces en que Beethoven _____interpretó las notas.

6. _____

_____

¡Hora de mejorar!

En el párrafo de opinión que escribiste en la página 120 busca palabras con prefijos. ¿Tienes algunas palabras con *pre-*, *re-*, *des-* o *mal-*? Si es así, asegúrate de que estén usadas correctamente.

¡Recuerda!

Los prefijos *pre-*, *re-*, *des-* y *mal-* tienen sus propios significados.

- *re-* significa "nuevamente"
- *mal-* significa "incorrectamente"
- *pre-* significa "antes"
- *des-* significa "no"

Corrección

Beethoven

NOMBRE: _____ **FECHA:** _____

Instrucciones: Al párrafo le faltan algunas preposiciones. Usa el símbolo ∧ para introducir las preposiciones del banco de preposiciones.

Banco de preposiciones

en   a   por   de   cerca de

Cuando Beethoven solo tenía 26 años de edad, comenzó a tener un "zumbido" _____ los oídos. Este fue el comienzo _____ la pérdida de audición de Beethoven. Hacia los 31 años de edad, su médico recomendó que pasara tiempo en un pequeño pueblo _____ Viena, Austria, para que pudiera acostumbrarse _____ su afección. Estaba deprimido, pero prometió ocuparse _____ eso y no darse _____ vencido con la música. Gradualmente, quedó profundamente sordo. No podía tocar música, pero sí podía componer.

¡Recuerda!

Las preposiciones indican la relación entre dos sustantivos.

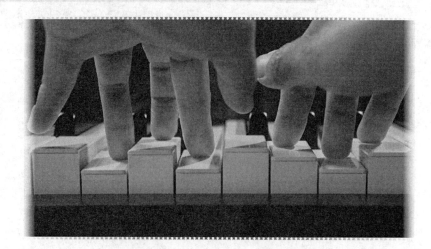

© Shell Education

NOMBRE: _____ **FECHA:** _____

Instrucciones: ¿Debería enseñarse aún hoy la música clásica de Beethoven? Explica tu razonamiento.

_____

_____

_____

_____

_____

_____

_____

_____

_____

_____

_____

_____

_____

_____

Preescritura

Asteroides

NOMBRE: _____ **FECHA:** _____

Instrucciones: Lee la información en la red. Las notas son para un párrafo informativo/explicativo centrado en el cinturón de asteroides. Coloca marcas de verificación en los círculos con información que respalde el tema principal.

- Un asteroide que impactó en la Tierra podría haber causado la extinción de los dinosaurios.
- Billones de asteroides están en el cinturón de asteroides.
- Los tamaños varían desde un guijarro hasta 150 millas (241 kilómetros) de diámetro.
- El planeta enano Ceres es parte del cinturón de asteroides.
- **Cinturón de asteroides**
- Un pequeño asteroide impactó en Rusia en 2013.
- Los asteroides están a 600,000 millas (965,606 kilómetros) de distancia.
- Se han hecho películas sobre asteroides que impactan en la Tierra.
- La mayoría de los asteroides son de forma aterronada.

NOMBRE: _____ FECHA: _____

Instrucciones: Lee el borrador del párrafo informativo/explicativo sobre el cinturón de asteroides. Subraya las oraciones incompletas.

Entre Marte y Júpiter, hay un cinturón de asteroides. Billones de asteroides orbitan alrededor del Sol. Desde pequeños guijarros hasta 150 millas (241 kilómetros) de diámetro. El asteroide más grande, de hecho, es un planeta enano llamado Ceres. Los asteroides están a 600,000 millas (965,606 kilómetros) de distancia. Esta distancia es más de 24 veces el planeta Tierra, así que hay poco riesgo de que una nave espacial golpee uno mientras está en una misión. Aterronados, no redondos. Esto se debe a que los asteroides no tienen suficiente gravedad para atraer las partículas a una esfera. Los científicos todavía están aprendiendo sobre el cinturón de asteroides.

Práctica para escribir en cursiva *abc*

Instrucciones: Usa letra cursiva para escribir una pregunta que tengas sobre el cinturón de asteroides.

_____

_____

NOMBRE: _____ FECHA: _____

Revisión — Asteroides

Instrucciones: Lee las oraciones. Encierra el sujeto y subraya el predicado en cada una. Se incluye el primer ejemplo.

1. El planeta enano Ceres es un asteroide del cinturón de asteroides.

2. Ceres fue descubierto en 1801 por Giuseppe Piazzi.

3. El asteroide es de aproximadamente un cuarto del tamaño de la luna de la Tierra.

4. El Observatorio Espacial Herschel descubrió vapor de agua en Ceres.

5. Un año en Ceres es igual a 4.6 años en la Tierra.

· ·

Instrucciones: Crea tus propias oraciones sobre los asteroides. Luego, encierra el sujeto y subraya el predicado.

6. _____

_____

¡Recuerda!

Cada oración debe tener lo siguiente:

- un sujeto (a quién o a qué hace referencia la oración)
- un predicado (verbo y qué sucede en la oración)

NOMBRE: _____ **FECHA:** _____

Instrucciones: Lee las definiciones del diccionario de *enano*. Después, responde las siguientes preguntas.

enano

1. *sustantivo.* Una criatura mítica que luce como un hombre pequeño.

2. *sustantivo y adjetivo.* Una persona que es más pequeña de lo normal debido a una afección médica.

3. *sustantivo y adjetivo.* Dicho de un ser vivo o una cosa: diminuto en su clase o especie.

1. Lee esta oración: *El asteroide más grande, de hecho, es un planeta enano.* ¿Qué definición de la palabra *enano* se está usando en esta oración? ¿Cómo lo sabes?

   _____

   _____

2. Lee esta oración: *Los individuos enanos padecen enanismo.* ¿Qué definición de *enano* se está usando en esta oración? ¿Cómo lo sabes?

   _____

   _____

3. Escribe una oración para la definición de *enano* que todavía no se ha usado.

   _____

   _____

NOMBRE: _____ **FECHA:** _____

Instrucciones: Lee el párrafo. Luego, responde la pregunta.

Entre Marte y Júpiter, hay un cinturón de asteroides. Billones de asteroides orbitan alrededor del Sol. Desde pequeños guijarros hasta 150 millas (241 kilómetros) de diámetro. El asteroide más grande, de hecho, es un planeta enano llamado Ceres. Los asteroides están a 600,000 millas (965,606 kilómetros) de distancia. Esta distancia es más de 24 veces el planeta Tierra, así que hay poco riesgo de que una nave espacial golpee uno mientras está en una misión. Aterronados, no redondos. Esto se debe a que los asteroides no tienen suficiente gravedad para atraer las partículas a una esfera. Los científicos todavía están aprendiendo sobre el cinturón de asteroides.

Esta semana, aprendí lo siguiente:

- a incluir detalles sólidos
- a escribir oraciones con sujetos y predicados
- a usar vocablos del diccionario

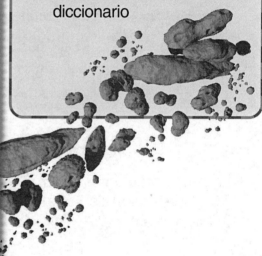

1. ¿Cómo podría haber mejorado el autor este párrafo publicado?

_____

_____

_____

_____

_____

_____

NOMBRE: _____ **FECHA:** _____

Instrucciones: Lee la información. Las notas son para un párrafo informativo/explicativo sobre el aspecto de los cometas. Coloca marcas de verificación en los círculos con información que respalde el tema principal.

4,000 cometas descubiertos

tres partes: núcleo, coma, cola

núcleo: centró sólido formado por polvo y hielo

orbita alrededor del Sol

coma: atmósfera de gas y polvo alrededor del núcleo

Aspecto de los cometas

dos colas: polvo y plasma

órbita clasificada como período corto o largo

parecen "bolas de nieve sucias"

Borrador Cometas

NOMBRE: _____ **FECHA:** _____

Instrucciones: Escribe sobre el aspecto de un cometa. Incluye datos que hablen sobre las partes de un cometa. Usa la red de la página 129 como ayuda para redactar el borrador de tu párrafo informativo/explicativo.

_____

_____

_____

_____

_____

_____

_____

_____

_____

_____

_____

_____

¡Recuerda!

Un buen párrafo informativo/ explicativo incluye lo siguiente:

• una oración introductoria y una oración final;

• detalles que respaldan la idea principal.

• oraciones completas.

Práctica para escribir en cursiva *abc*

Instrucciones: Usa letra cursiva para escribir los nombres de estos cometas famosos: *Halley*, *Lovejoy*, *Hale-Bopp* y *McNaught*.

_____   _____

_____   _____

NOMBRE: _____ **FECHA:** _____

Instrucciones: Lee cada frase sobre el Cometa Halley. Reescribe los fragmentos en oraciones completas con sujetos y predicados.

1. denominado en homenaje a Edmond Halley

   _____

   _____

2. aparece cada 75 años

   _____

   _____

3. registro más antiguo 240 a. C. en China

   _____

   _____

4. forma de cacahuate

   _____

   _____

· ·

¡Hora de mejorar!

Vuelve a leer el párrafo que escribiste en la página 130 sobre los cometas. Asegúrate de que cada oración tenga un sujeto y un predicado. Si encuentras un fragmento o una oración mal formada, ¡corrígela!

NOMBRE: _____ **FECHA:** _____

Instrucciones: Lee las definiciones del diccionario para la palabra *núcleo*. Luego, responde las preguntas a continuación.

> **núcleo**
>
> **1.** *sustantivo.* Parte central y más densa de un astro.
>
> **2.** *sustantivo.* La parte de la célula que contiene el ADN.
>
> **3.** *sustantivo.* Hueso de las frutas.

1. Lee esta oración: *El núcleo contiene la mayor parte de la información genética de los seres vivos.* ¿Qué definición de *núcleo* se está usando en esta oración? _____

2. Lee esta oración: *Ten cuidado al morder una cereza porque tiene un núcleo duro.* ¿Qué definición de *núcleo* se está usando en esta oración? _____

3. Escribe tu propia oración usando otra definición de *núcleo*.

_____

_____

¡Recuerda!

Las palabras pueden tener diferentes significados incluso si suenan o se ven parecidas.

¡Hora de mejorar!

Observa el párrafo que escribiste en la página 130 y verifica que las palabras del vocabulario estén usadas correctamente.

NOMBRE: _____ **FECHA:** _____

Instrucciones: Escribe sobre el aspecto de un cometa. Incluye datos que hablen sobre las partes de un cometa.

_____

_____

_____

_____

_____

_____

_____

_____

_____

_____

_____

_____

_____

_____

Preescritura

Energía solar

NOMBRE: _____ **FECHA:** _____

Instrucciones: Lee las notas sobre el uso de la energía solar. Determina si cada nota es una ventaja o una desventaja y escríbela en la tabla.

- no se puede recolectar energía solar durante la noche ni los días nublados
- la instalación es costosa
- no genera contaminación
- una vez instalado el sistema, tiene costos bajos de funcionamiento
- es un recurso limpio y renovable
- no es muy eficiente a la hora de convertir la energía en electricidad
- los costos disminuyen con el tiempo

Ventajas	Desventajas

NOMBRE: _____ **FECHA:** _____

Instrucciones: Lee el párrafo de opinión sobre la energía solar. Subraya los detalles que respaldan la opinión de que se debería aprovechar la energía solar.

En la actualidad, muchas personas están interesadas en cuidar el medio ambiente, y su manera de hacerlo es mediante el aprovechamiento de la energía solar. A diferencia de las fuentes de energía tradicionales, la energía solar no genera contaminación. Es un recurso limpio y renovable, lo cual significa que perdurará sin agotarse. La energía solar no funciona bien los días nublados ni puede utilizarse durante la noche. La instalación de los paneles solares es costosa, pero, año tras año, es cada vez menos costosa y los usuarios ahorran mucho dinero. Una vez que se ha construido e instalado el equipo, no hay costos de funcionamiento porque la luz del sol es gratuita. Por supuesto, la energía solar no se convierte fácilmente en electricidad. La energía solar es una manera segura para el medio ambiente de desarrollar tecnología energética en Estados Unidos y en todo el mundo.

Práctica para escribir en cursiva *abc*

Instrucciones: Usa letra cursiva para escribir *energía solar* en el renglón superior. Luego, usa letra cursiva para escribir las palabras *gratuito* y *limpio* en los renglones de abajo.

_____

_____   _____

Revisión · Energía solar

NOMBRE: _____ **FECHA:** _____

Instrucciones: Lee las oraciones. Determina qué palabra debería ir en el espacio en blanco y complétalo con la letra de la respuesta correcta.

1. El panel solar se _____ en el techo.

   Ⓐ haya (sustantivo)

   Ⓑ halla

   Ⓒ haya (verbo)

2. Siempre que _____ sol, habrá energía.

   Ⓐ haya (sustantivo)

   Ⓑ halla

   Ⓒ haya (verbo)

3. El _____ que plantamos en el patio no permite que entre la luz del sol.

   Ⓐ haya (sustantivo)

   Ⓑ halla

   Ⓒ haya (verbo)

4. Es posible que _____ ventajas para el medio ambiente con el uso de la energía solar.

   Ⓐ haya (sustantivo)

   Ⓑ halla

   Ⓒ haya (verbo)

¡Refuerza tu aprendizaje! 🚀

Haya, *haya* y *halla* pueden ser palabras engañosas cuando necesites escribirlas. Recuerda lo siguiente:

haya: un tipo de árbol

Ejemplo: El *haya* es el árbol preferido de mi hermano.

haya: forma del verbo de primera o tercera persona del singular del presente subjuntivo del verbo *haber*.

Ejemplo: Espero que Luis *haya* comprado el automóvil de sus sueños.

halla: forma del verbo de la tercera persona del presente de indicativo del verbo *hallar*.

Ejemplo: *Su casa de verano se halla en Florida.*

© Shell Education

NOMBRE: _____ **FECHA:** _____

Corrección

Energía solar

Instrucciones: Lee cada oración y realiza los cambios necesarios. Usa el símbolo ≡ para indicar que una letra debe ir en mayúscula y el símbolo ╱ para indicar que una letra debe ir en minúscula. Luego, completa la tabla con tres sustantivos comunes y tres sustantivos propios que tú elijas.

1. La Energía Solar es difícil de aprovechar en países con climas nublados y lluviosos como inglaterra.

2. El Calor y la energía son dos productos del sol.

3. *Solar* es la palabra Latina para denominar al sol.

4. En la década de 1830, un hombre llamado john herschel usaba energía solar para cocinar Alimentos.

5. La energía puede almacenarse en Baterías y ser utilizada durante la Noche.

Sustantivos comunes	Sustantivos propios

¡Refuerza tu aprendizaje!

- Los **sustantivos comunes** nombran personas, cosas o lugares en general. Siempre van en minúscula.

  Ejemplos: *niña*, *país* y *monumento*

- Los **sustantivos propios** nombran personas, cosas o lugares específicos. Siempre llevan mayúscula inicial.

  Ejemplos: *Sarah*, *India* y *Monumento a Lincoln*

NOMBRE: _____ FECHA: _____

Publicación

Energía solar

Instrucciones: Lee el párrafo de opinión. Luego, responde la pregunta.

En la actualidad, muchas personas están interesadas en cuidar el medio ambiente, y su manera de hacerlo es mediante el aprovechamiento de la energía solar. A diferencia de las fuentes de energía tradicionales, la energía solar no genera contaminación. Es un recurso limpio y renovable, lo cual significa que perdurará sin agotarse. La energía solar no funciona bien los días nublados ni puede utilizarse durante la noche. La instalación de los paneles solares es costosa, pero, año tras año, es cada vez menos costosa y los usuarios ahorran mucho dinero. Una vez que se ha construido e instalado el equipo, no hay costos de funcionamiento porque la luz del sol es gratuita. La energía solar es una manera segura para el medio ambiente de desarrollar tecnología energética en Estados Unidos y en todo el mundo.

Esta semana, aprendí lo siguiente:

- a respaldar mi opinión con información
- cómo usar *halla*, *haya* y *haya* correctamente
- a usar mayúscula inicial en sustantivos propios

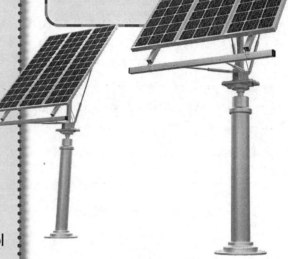

1. ¿Qué consejo le darías al autor sobre cómo mejorar el párrafo?

_____

_____

NOMBRE: _____ **FECHA:** _____

Instrucciones: Las turbinas proporcionan una manera de aprovechar y usar el viento como energía. Lee las notas sobre el uso de turbinas. Determina si cada nota es una ventaja o una desventaja y escríbela en la tabla a continuación.

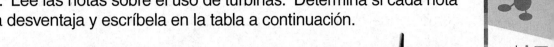

- si no hay viento, no hay energía

- son altas, pero no ocupan mucha superficie de tierra

- son ruidosas para los hogares y comercios cercanos

- las aspas de las turbinas matan pájaros

- el viento es gratuito

- no genera contaminación ni gases del efecto invernadero

- obstruyen el terreno, lo cual es antiestético para algunas personas

- son buenas para áreas remotas sin acceso a la electricidad

Ventajas	Desventajas

Borrador

Turbinas

NOMBRE: _____ **FECHA:** _____

Instrucciones: ¿Crees que deben usarse turbinas para recolectar energía eólica? Escribe tu opinión y por qué piensas de esa manera. Usa la tabla de la página 139 como ayuda para redactar el borrador de tu párrafo de opinión.

_____

_____

_____

_____

_____

_____

_____

_____

_____

_____

_____

_____

¡Recuerda!

Un párrafo de opinión sólido incluye lo siguiente:

• una oración introductoria que da a conocer tu opinión;

• detalles que respaldan tus ideas;

• una oración final.

Práctica para escribir en cursiva *abc*

Instrucciones: Usa letra cursiva para escribir una oración sobre un dato interesante acerca de las turbinas.

_____

_____

126829—180 Days of Writing—Spanish
© Shell Education

NOMBRE: _____ **FECHA:** _____

Instrucciones: Escribe una oración para cada uno de los homófonos *haya*, *haya* y *halla*. Las oraciones deben ser sobre turbinas o sobre la energía eólica. Usa las notas de la página 139 como ayuda.

1. _____

    _____

    _____

2. _____

    _____

    _____

3. _____

    _____

    _____

¡Hora de mejorar!

Repasa el párrafo que escribiste en la página 140 sobre las turbinas. Verifica cuidadosamente que hayas usado las palabras *haya*, *haya* y *halla* correctamente.

¡Recuerda!

- *Haya* es un tipo de árbol.

- *Haya* es la forma del verbo de primera o tercera persona del singular del presente subjuntivo del verbo *haber*.

- *Halla* es la forma del verbo de la tercera persona del presente de indicativo del verbo *hallar*.

NOMBRE: _____ **FECHA:** _____

Corrección

Turbinas

Instrucciones: Lee el párrafo. Usa los símbolos ≡ o / para corregir los errores de uso de mayúsculas.

A pesar de que las Turbinas gigantes son relativamente nuevas, los Molinos de viento han existido durante más de 1,000 años. El primer molino de viento fue construido en el Siglo Primero por los Persas en el medio oriente. La idea llegó a europa en el siglo XIII. Los molinos de viento se usaban principalmente para bombear Agua y moler Granos. Durante los siguientes cien años, los Ingleses y los Holandeses realizaron muchas mejoras en sus diseños. A mediados del siglo XIX, la población de estados unidos comenzó a usar Molinos de viento. En la actualidad, las turbinas, los molinos de viento modernos, son una manera popular de generar energía.

¡Recuerda!

- Los sustantivos comunes se escriben con minúscula.

- Los sustantivos propios se escriben con mayúscula.

¡Hora de mejorar!

¿Están todos los sustantivos comunes con minúscula y todos los sustantivos propios con mayúscula en el párrafo que escribiste en la página 140? Vuelve a revisarlo para estar seguro.

NOMBRE: _____ **FECHA:** _____

Instrucciones: ¿Crees que deben usarse turbinas para recolectar energía eólica? Escribe tu opinión y por qué piensas de esa manera.

NOMBRE: _____ **FECHA:** _____

Instrucciones: El monte Everest, ubicado en el Himalaya, entre Nepal y el Tíbet, es la montaña más alta del mundo. La tabla contiene información que respalda dos opiniones sobre si las personas menores de 18 años deberían estar autorizadas a escalar el monte Everest. Coloca signos de exclamación junto a las oraciones que, para ti, presentan argumentos sólidos.

Sí
_____ Estar autorizado a practicar alpinismo debería basarse en la aptitud y no en la edad.
_____ Si los padres de un menor lo permiten, las autoridades del monte Everest no deberían interponerse.
_____ Alcanzar la cima, o hacer cumbre, sería muy emocionante para un adolescente.
_____ Practicar alpinismo promueve un estilo de vida saludable, lo cual podría ejercer una influencia positiva en sus compañeros.

No
_____ Es peligroso porque cientos de personas han muerto mientras intentaban alcanzar la cima.
_____ El cerebro de los adolescentes no está completamente desarrollado para tomar decisiones importantes.
_____ El mal de altura puede afectar a las personas jóvenes de manera diferente que a los adultos.
_____ Escalar montañas es una actividad muy costosa para los adolescentes.

NOMBRE: _____ **FECHA:** _____

Instrucciones: Lee el párrafo de opinión sobre permitir que las personas menores de 18 años escalen el monte Everest. Subraya las oraciones que respaldan firmemente la opinión.

Escalar el monte Everest es un gran logro para cualquier persona, y aquellas que son menores de 18 años deberían tener la oportunidad de hacerlo. Ser físicamente apto y estar bien entrenado son condiciones importantes para practicar alpinismo, pero no se relacionan con la edad. Muchos adolescentes tienen mejores condiciones físicas que las personas de 30 años o más. Los adolescentes que practican alpinismo promueven un estilo de vida saludable, lo cual podría ejercer una influencia positiva en sus compañeros. Alcanzar la cima sería muy emocionante para una persona joven. También es muy costoso. Los padres son quienes conocen mejor a sus hijos, y si ellos les dan permiso, las autoridades del monte Everest no deberían interponerse. Todas las personas, sin importar su edad, deberían estar autorizadas a experimentar la emoción de alcanzar la cima.

¡Recuerda!

Un párrafo de opinión sólido incluye lo siguiente:

- una oración introductoria que da a conocer tu opinión;

- detalles que respaldan tu opinión;

- una oración final que vuelve a expresar tu opinión.

Práctica para escribir en cursiva *abc*

Instrucciones: Usa letra cursiva para escribir *monte Everest* en el renglón superior. Luego, escribe dos adjetivos para describir la montaña en los renglones de abajo.

_____

_____   _____

Revisión

El monte Everest

NOMBRE: _____ FECHA: _____

Instrucciones: Lee las oraciones. Elige el antónimo de cada palabra en negrita.

1. Muchos alpinistas **contratan** sherpas como guías.

   Ⓐ arriendan

   Ⓑ despiden

   Ⓒ necesitan

2. Un guía sherpa puede **ganar** más de $5,000 durante una temporada de alpinismo de dos meses.

   Ⓐ perder

   Ⓑ obtener

   Ⓒ ahorrar

3. La mayoría de las personas en Nepal ganan alrededor de $50 por mes, de modo que los guías son muy **adinerados**.

   Ⓐ extravagantes

   Ⓑ pobres

   Ⓒ inteligentes

4. Los guías tienen una ocupación muy **peligrosa**.

   Ⓐ emocionante

   Ⓑ riesgosa

   Ⓒ inofensiva

5. Muchos guías sherpa han escalado el monte Everest en **numerosas** ocasiones.

   Ⓐ múltiples

   Ⓑ varias

   Ⓒ limitadas

6. Escalar el monte Everest es un **gran** logro.

   Ⓐ pequeño

   Ⓑ rápido

   Ⓒ emocionante

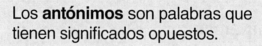

¡Refuerza tu aprendizaje! 🚀

Los **antónimos** son palabras que tienen significados opuestos.

Ejemplos: *cerca* y *lejos*, *pesado* y *liviano*, y *bueno* y *malo*

NOMBRE: _____ **FECHA:** _____

Instrucciones: Completa las oraciones con el uso correcto de *quien, quién, quienes* o *quiénes*.

1. ¿Con _____ escalarás?

2. El sherpa, _____ es un experto, será nuestro guía.

3. _____ tienen asma deben tomar precauciones cuando practican alpinismo.

4. Él no sabe a _____ debería darle la tienda de campaña.

5. Queremos saber _____ alcanzarán la cima primero.

¡Refuerza tu aprendizaje! 🚀

Para saber si debes usar *quién* o *quien*, observa los siguientes ejemplos:

Quién/Quiénes: Cuando *quién* tiene función interrogativa, debe ir con tilde.

Ejemplos

- Me pregunto quién irá al centro comercial (no se sabe quién irá al centro comercial).

- ¿Quiénes eran las otras chicas que conoció? (no se sabe quiénes son).

Quien/Quienes: Cuando *quien* es un pronombre relativo, debe ir sin tilde.

Ejemplos

- Esta es la dirección de quien debería recibir la carta (podríamos reemplazar *quien* por "la persona que").

- Quienes esperen hasta el final del partido podrán fotografiarse con los jugadores de béisbol (podríamos reemplazar *quienes* por "las personas que").

Publicación

El monte Everest

NOMBRE: _____ **FECHA:** _____

Instrucciones: Repasa el párrafo de opinión sobre el monte Everest. Piensa en lo que has aprendido esta semana. Escribe notas en los márgenes que expliquen de qué manera el autor podría mejorar el párrafo.

Escalar el monte Everest es un gran logro para cualquier persona, y aquellas que son menores de 18 años deberían tener la oportunidad de hacerlo. Ser físicamente apto y estar bien entrenado son condiciones importantes para practicar alpinismo, pero no se relacionan con la edad. Muchos adolescentes tienen mejores condiciones físicas que las personas de 30 años o más. Los adolescentes que practican alpinismo promueven un estilo de vida saludable, lo cual podría ejercer una influencia positiva en sus compañeros. Alcanzar la cima sería muy emocionante para una persona joven. También es una actividad muy costosa. Los padres conocen a sus hijos, y si ellos les dan permiso, las autoridades del monte Everest no deberían impedir que las personas jóvenes intentaran escalarlo. Todas las personas, sin importar su edad, deberían estar autorizadas a experimentar la emoción de llegar a la cima.

Esta semana, aprendí lo siguiente:

- a usar ideas secundarias

- qué son los antónimos

- cómo usar *quién* y *quien* correctamente

NOMBRE: _____ FECHA: _____

Instrucciones: Lee la información sobre el monte Kilimanjaro. Luego, usa la información para escribir si piensas que te gustaría o no escalar el monte Kilimanjaro.

El monte Kilimanjaro se encuentra en Tanzania, un país en la costa este de África. Mide aproximadamente 19,340 pies (5,895 metros) y es el pico más alto de África. Toma entre seis y nueve días llegar a la cima. Cerca de 25,000 personas intentan escalarlo por año. Más de 16,000 de ellas tienen éxito. Aquellas personas que no llegan a la cima, generalmente deben regresar porque sufren el mal de altura. Mueren entre 10 y 15 personas por año en el monte Kilimanjaro.

¿Te gustaría escalar el monte Kilimanjaro?

Motivos para escalarlo	Motivos para no escalarlo

Borrador

El monte Kilimanjaro

NOMBRE: _____ **FECHA:** _____

Instrucciones: ¿Escalarías el monte Kilimanjaro? Explica tu razonamiento. Usa la tabla de la página 149 como ayuda para redactar el borrador de tu párrafo de opinión.

_____

_____

_____

_____

_____

_____

_____

_____

_____

_____

_____

¡Recuerda!

Un párrafo de opinión sólido incluye lo siguiente:

- una oración introductoria

- detalles que respaldan tu opinión

- una oración final

Práctica para escribir en cursiva *abc*

Instrucciones: Usa letra cursiva para escribir *Tanzania*, *África* y *monte Kilimanjaro*.

_____   _____

_____

NOMBRE: _____ **FECHA:** _____

Instrucciones: Las siguientes oraciones tienen errores. Escribe un antónimo para reemplazar las palabras subrayadas y hacer que cada oración sea verdadera.

1. El monte Kilimanjaro es la montaña independiente <u>más baja</u>, lo cual significa que no es parte de una cordillera.

   _____

2. De enero a marzo son los meses <u>más fríos</u> en Tanzania.

   _____

3. El parque nacional del monte <u>cerró</u> en 1977.

   _____

4. La persona <u>más joven</u> en alcanzar la cima fue un francés de 87 años.

   _____

5. El <u>último</u> registro de la llegada de una persona a la cima del monte Kilimanjaro es de 1889.

   _____

¡Recuerda!

Los antónimos son palabras que tienen definiciones opuestas.

Corrección

El monte Kilimanjaro

NOMBRE: _____ **FECHA:** _____

Instrucciones: Lee las oraciones. Si las palabras *quién* o *quien* están usadas correctamente, escribe una *C* en el renglón. Si están usadas incorrectamente, escribe *I* y vuelve a escribir la oración de manera correcta.

_____ **1.** ¿Con quién escalarás?

_____

_____ **2.** ¿Quien está usando las botas?

_____

_____ **3.** ¿Quién será nuestro guía?

_____

_____ **4.** Quién llegue a la cima, sentirá una emoción particular.

_____

_____ **5.** ¿Quién tomará nuestra fotografía?

_____

· ·

¡Hora de mejorar!

Examina el párrafo que escribiste en la página 150 sobre el monte Kilimanjaro para analizar los usos de *quién* y *quien*. Verifica que hayas usado esas palabras correctamente.

NOMBRE: _____ **FECHA:** _____

Instrucciones: ¿Escalarías el monte Kilimanjaro? Explica tu razonamiento.

NOMBRE: _____ **FECHA:** _____

Preescritura

Escultura

Instrucciones: Lee las notas. Contienen información para un párrafo sobre la creación de esculturas de hielo. Coloca marcas de verificación en los círculos que respaldan firmemente el tema principal.

Las esculturas de cisnes son las preferidas para las bodas.

No se usa hielo opaco ni agrietado.

Se pueden hacer con un molde.

El hielo transparente se forma al disparar aire en el agua a medida que se congela.

Creación de esculturas de hielo

Se pueden hacer a mano con motosierras, perforadoras o cinceles.

Hay competiciones y muestras en todo el mundo.

La temperatura en los acontecimientos determina el tiempo que perdurará la escultura.

Se puede realizar con una máquina giratoria llamada *torno.*

Se calienta con un soplete al final para que tenga brillo.

NOMBRE: _____ **FECHA:** _____

Instrucciones: Lee el párrafo informativo/explicativo sobre la creación de esculturas de hielo. Subraya las oraciones que respaldan firmemente la idea principal.

Una escultura de hielo es una manera hermosa y sensacional de decorar un acontecimiento especial. Por ejemplo, los cisnes son los preferidos para las bodas. El hielo para las esculturas debe ser completamente transparente. Para crear el hielo perfecto, se usa un propulsor de chorro de aire para introducir aire en el agua a medida que se congela. Las esculturas se pueden hacer a mano, pero los artistas generalmente usan motosierras o cinceles para crearlas. Las máquinas llamadas *tornos* pueden crear esculturas de manera rápida y eficiente. También se pueden usar moldes. Se usa un pequeño soplete para darle brillo a la escultura una vez que se termina de esculpir. Mientras más frío haga, más tiempo durará la escultura. Las esculturas de hielo son formas de arte imaginativas.

Práctica para escribir en cursiva *abc*

Instrucciones: Usa letra cursiva para escribir los nombres de cuatro lugares que, para ti, serían seguros para colocar una escultura de hielo afuera.

_____   _____

_____   _____

Revisión

Escultura

NOMBRE: _____ **FECHA:** _____

Instrucciones: Subraya las frases preposicionales de cada oración.

1. Una escultura de hielo es una manera hermosa y sensacional de decorar un evento especial.

2. Para crear el hielo perfecto, se usa un propulsor de chorro de aire para introducir aire en el agua a medida que se congela.

3. Las esculturas se pueden hacer a mano, pero los artistas generalmente usan motosierras y cinceles para crearlas.

4. Se usa un pequeño soplete para darle brillo a la escultura una vez que se termina de esculpir.

5. Escribe una oración con al menos una frase preposicional sobre las esculturas de hielo.

_____

_____

¡Refuerza tu aprendizaje! 🚀

Una **frase preposicional** comienza con una preposición como *para*, *a*, *de*, *en* y *con*, y puede terminar en un sustantivo, un verbo o un adjetivo.

Ejemplos

• Guardé la caja <u>debajo de mi cama</u>.

• Me di por vencido <u>después de intentar durante una hora</u>.

NOMBRE: _____ **FECHA:** _____

Instrucciones: Lee las oraciones. Determina qué palabra debería ir en el espacio en blanco y complétalo con la letra de la respuesta correcta.

1. Las personas deben _____ por la escultura de hielo más impresionante.

    Ⓐ votar

    Ⓑ botar

2. La escultura no _____ en el espacio asignado.

    Ⓐ cave

    Ⓑ cabe

3. El artista no sabe _____ cuándo trabajará en la escultura.

    Ⓐ asta

    Ⓑ hasta

4. La luz _____ sobre la escultura y el hielo brilló.

    Ⓐ cayó

    Ⓑ calló

5. No era una escultura para el _____ de un casamiento.

    Ⓐ contexto

    Ⓑ contesto

6. El escultor decidió _____ su nombre en la escultura.

    Ⓐ gravar

    Ⓑ grabar

¡Recuerda!

Los homófonos son palabras que suenan igual, pero tienen significados diferentes. Pueden o no escribirse igual.

Ejemplos: *tuvo* y *tubo, arrollo* y *arroyo*

Publicación

Escultura

NOMBRE: _____ **FECHA:** _____

Instrucciones: Lee el párrafo. Luego, responde la pregunta.

Una escultura de hielo es una manera hermosa y sensacional de decorar un acontecimiento especial. Por ejemplo, los cisnes son los preferidos para las bodas. El hielo para las esculturas debe ser completamente transparente. Para crear el hielo perfecto, se usa un propulsor de chorro de aire para introducir aire en el agua a medida que se congela. Las esculturas se pueden hacer a mano, pero los artistas generalmente usan motosierras o cinceles para crearlas. Las máquinas llamadas *tornos* pueden crear esculturas de manera rápida y eficiente. También se pueden usar moldes. Se usa un pequeño soplete para darle brillo a la escultura una vez que se termina de esculpir. Mientras más frío haga, más tiempo durará la escultura. Las esculturas de hielo son formas de arte imaginativas.

Esta semana, aprendí lo siguiente:

- a respaldar la idea principal con detalles sólidos
- qué son las frases preposicionales
- a usar homófonos correctamente

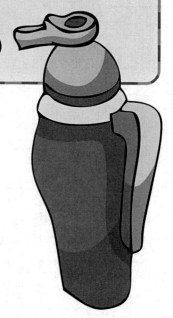

1. ¿Cómo podría este párrafo ser más sólido? Proporciona al menos dos sugerencias.

_____

_____

_____

NOMBRE: _____ **FECHA:** _____

Instrucciones: Observa la red con información sobre un estilo de pintura llamado *abstracto*. Coloca marcas de verificación en los círculos que respaldan firmemente el tema principal.

a menudo, una escena al aire libre

color osado

gotas o salpicaduras de pintura

tema no identificable

figuras geométricas

Arte abstracto

temas comunes, de la vida cotidiana

pinceladas pequeñas y ligeras

abierto a la interpretación

Borrador

Pintura

NOMBRE: _____ **FECHA:** _____

Instrucciones: Describe qué es el arte abstracto. Incluye datos sobre cómo es el arte abstracto. Usa la red de la página 159 y tus propias observaciones como ayuda para redactar el borrador de tu párrafo informativo/explicativo.

_____

_____

_____

_____

_____

_____

_____

_____

_____

_____

_____

_____

¡Recuerda!

Un buen párrafo informativo/explicativo incluye lo siguiente:

• una oración introductoria y una oración final;

• detalles que respaldan la idea principal.

Práctica para escribir en cursiva *abc*

Instrucciones: Usa letra cursiva para escribir los nombres de estos famosos pintores abstractos: *Jackson Pollock*, *Mark Rothko*.

_____

_____

NOMBRE: _____ **FECHA:** _____

Instrucciones: Mejora cada oración agregando una frase preposicional. Usa las preposiciones entre paréntesis como ayuda.

1. Todos pueden aprender a pintar. (*mediante*)

_____

_____

2. Los artistas en cierne pueden tomar clases. (*con*)

_____

_____

3. Pueden observar la naturaleza. (*alrededor*)

_____

_____

4. Es posible que pintar no sea fácil. (*hasta*)

_____

_____

. . . .

¡Hora de mejorar!

A veces, una frase preposicional puede agregar detalles o hacer que una oración sea más interesante. Vuelve a leer el párrafo que escribiste en la página 160 y observa si hay oraciones que puedan mejorarse con frases preposicionales.

NOMBRE: _____ **FECHA:** _____

Instrucciones: Lee las oraciones. Todas tienen homófonos incorrectos. Usa los símbolos ℒ y ∧ para corregirlos.

1. <u>Huno</u> de los asistentes no supo cuál era el tema de la pintura.

2. La pintura está <u>echa</u> con diversos materiales.

3. El grupo tuvo que llegar a <u>orario</u> al museo de arte.

4. El lienzo <u>sede</u> su espacio vacío ante los colores que lo cubren.

5. Un <u>siervo</u> no es un objeto abstracto.

6. El color claro de la pintura asemejaba un <u>as</u> de luz.

7. Parece como si un <u>rallo</u> hubiera partido en dos la pintura.

8. El artista no quiere <u>rebelar</u> el secreto de su pintura.

¡Hora de mejorar!

Repasa el párrafo que escribiste en la página 160 en busca de homófonos. Si encuentras alguno, asegúrate de que sean correctos.

NOMBRE: _____ **FECHA:** _____

Instrucciones: Describe qué es el arte abstracto. Incluye datos sobre cómo es el arte abstracto.

Publicación

Pintura

Preescritura

Trenes con motor de vapor

NOMBRE: _____ **FECHA:** _____

Instrucciones: Observa la tabla sobre trenes con motores de vapor. La primera columna tiene datos. La segunda columna debería indicar que los datos son ventajas de los trenes con motores de vapor. Si se trata de una ventaja, coloca un asterisco junto a la oración. Si no se trata de una ventaja, coloca una *X*.

Datos:	Ventajas
Los motores de vapor no deben necesariamente ubicarse junto a fuentes de agua.	Los motores pueden ubicarse en cualquier parte, en lugar de permanecer fijos junto a un río o lago.
Los motores de vapor generan mucho humo.	El humo genera contaminación del aire en el medio ambiente.
Los motores de vapor son potentes.	Un motor de vapor tiene la misma potencia que muchos caballos.
El vapor de la sala de calderas de un motor de vapor está bajo una inmensa presión.	Las calderas pueden explotar y provocar la pérdida de las vidas de los trabajadores y de los bienes.
Los motores de vapor se pueden usar en cualquier momento.	Otras fuentes de energía, como el viento, solo pueden usarse en condiciones climáticas adecuadas.

NOMBRE: _____ **FECHA:** _____

Instrucciones: Lee el párrafo de opinión sobre las ventajas del tren con motor de vapor. Subraya las oraciones que respaldan la idea principal.

A pesar de que los trenes con motor de vapor no eran perfectos, fueron la opción de transporte adecuada en aquel entonces y permitían que viajar fuera más fácil. La mayor parte de la energía antes del siglo XIX requería una cercanía a fuentes de agua, pero el tren con motor de vapor permitió alejarse del agua. Los molinos de viento proporcionaron otro tipo de energía, pero dependían del viento y del clima; los trenes con motor de vapor podían funcionar sin importar las condiciones del medio ambiente. Los trenes quemaban leña para calentar agua y generar vapor, y el humo producido por la combustión de la leña aumentaba la contaminación del aire. El vapor estaba bajo inmensa presión y, a veces, hacía explotar las calderas, lo cual hería a las personas y destrozaba los bienes. Los caballos eran un medio de viaje común, pero un tren con motor de vapor igualaba la potencia de muchos caballos. Los trenes con motor de vapor finalmente cedieron el paso a los motores de gasolina, pero fueron muy importantes en su época.

Práctica para escribir en cursiva _abc_

Instrucciones: Usa letra cursiva para escribir una pregunta que tengas sobre los trenes con motor de vapor.

_____

_____

Revisión

Trenes con motor de vapor

NOMBRE: _____ **FECHA:** _____

Instrucciones: Lee las oraciones. Las opciones para las respuestas son palabras que tienen significados similares, pero no idénticos. Completa los espacios en blanco con la mejor respuesta para cada oración.

1. Si bien el tren con motor de vapor ha existido durante un largo período, las personas _____ maneras de mejorarlo.

   Ⓐ exploraban

   Ⓑ buscaban

2. Llevará varios meses construir un puente de ferrocarril sobre _____.

   Ⓐ el estanque

   Ⓑ el lago

3. Es _____ que un caballo haga el trabajo de un tren con motor de vapor.

   Ⓐ imposible

   Ⓑ difícil

4. El tren con motor de vapor se abre paso sin dificultades sobre las suaves _____.

   Ⓐ colinas

   Ⓑ montañas

¡Refuerza tu aprendizaje! 🚀

Los sinónimos son palabras que tienen significados similares. A menudo, un sinónimo encierra una idea o intensidad diferente.

Ejemplos

- Me salté el desayuno y estaba <u>hambriento</u> para la hora del almuerzo.

- Durante la hambruna, muchos niños estaban <u>famélicos</u>.

© Shell Education

NOMBRE: _____ **FECHA:** _____

Instrucciones: Lee las oraciones. Subraya las conjunciones. Si las oraciones tienen sentido, pon una √ en la línea. Si no tienen sentido, pon una ✗ y escribe la oración en los renglones usando una conjunción que tenga sentido.

Banco de conjunciones

a fin de que	ni	y	tal como	aunque
pero	e	que	así que	puesto que

_____ **1.** Tal como los caballos eran comunes, los trenes eran más útiles.

_____

_____ **2.** Los trenes con motor de vapor no eran tan rápidos como los trenes modernos, a fin de que fueron muy importantes en su época.

_____

_____

_____ **3.** Los trenes quemaban leña y aumentaban la contaminación.

_____

_____ **4.** El vapor podía hacer explotar las calderas ni estaba bajo presión.

_____

NOMBRE: _____ **FECHA:** _____

Instrucciones: Vuelve a leer el párrafo sobre los trenes con motor de vapor. Piensa en lo que practicaste esta semana. En los márgenes, escribe al menos tres maneras de mejorar el párrafo.

A pesar de que los trenes con motor de vapor no eran perfectos, fueron la opción de transporte adecuada en aquel entonces y permitían que viajar fuera más fácil. La mayor parte de la energía antes del siglo xix requería una cercanía a fuentes de agua, pero el tren con motor de vapor permitió alejarse del agua. Los molinos de viento proporcionaron otro tipo de energía, pero dependían del viento y del clima; los trenes con motor de vapor podían funcionar sin importar las condiciones del medio ambiente. Los trenes quemaban leña para calentar agua y generar vapor, y el humo producido por la combustión de la leña aumentaba la contaminación del aire. El vapor estaba bajo inmensa presión y, a veces, hacía explotar las calderas, lo cual hería a las personas y destrozaba los bienes. Los caballos eran un medio de viaje común, pero un tren con motor de vapor igualaba la potencia de muchos caballos. Los trenes con motor de vapor finalmente cedieron el paso a los motores de gasolina, pero fueron muy importantes en su época.

Esta semana, aprendí lo siguiente:

- a incluir ideas secundarias sólidas
- a usar palabras precisas
- a usar conjunciones

NOMBRE: _____ **FECHA:** _____

Instrucciones: Completa el cuadro colocando una marca de verificación para cada dato en la columna correspondiente en función de si el tren bala es una buena idea o no. Luego, escribe por qué piensas que el dato es una ventaja o una desventaja.

Dato	Ventaja	Desventaja	¿Por qué?
Más de 15 países tienen trenes bala.			
Los estadounidenses prefieren la libertad de conducir sus propios automóviles.			
A California le costaría 98.5 miles de millones de dólares construir un tren bala.			
Los trenes bala viajan a una velocidad mínima de 155 mph (249 kph).			
Los trenes bala usan electricidad.			

Borrador

Trenes bala

NOMBRE: _____ **FECHA:** _____

Instrucciones: ¿Debería Estados Unidos construir su propio tren bala? Explica tu opinión y por qué piensas de esa manera. Usa la tabla de la página 169 como ayuda para redactar el borrador de tu párrafo de opinión.

_____

_____

_____

_____

_____

_____

_____

_____

_____

_____

_____

_____

¡Recuerda!

Un párrafo de opinión sólido incluye lo siguiente:

- una oración introductoria que da a conocer tu opinión

- ideas secundarias sólidas

- una oración final

Práctica para escribir en cursiva *abc*

Instrucciones: Escribe en letra cursiva los nombres de los países que tienen trenes bala: *España*, *Japón*, *Rusia* y *Francia*.

_____   _____

_____   _____

126829—180 Days of Writing—Spanish
© Shell Education

NOMBRE: _____ FECHA: _____

Instrucciones: Lee cada par de oraciones. Son iguales, excepto por las palabras subrayadas, que tienen significados similares, pero no idénticos. En los renglones, explica las diferencias entre las palabras.

1. El pasajero <u>deambulaba</u> hacia la estación de trenes.

   El pasajero <u>caminaba</u> hacia la estación de trenes.

   _____

   _____

2. Mientras subía al tren, <u>miró</u> al hombre detrás de ella.

   Mientras subía al tren, <u>observó</u> al hombre detrás de ella.

   _____

   _____

3. <u>Lanzó</u> su bolso al piso y se sentó.

   <u>Arrojó</u> su bolso al piso y se sentó.

   _____

   _____

4. Recordó la <u>discusión</u> entre dos de los pasajeros.

   Recordó el <u>altercado</u> entre dos de los pasajeros.

   _____

   _____

· ·

¡Hora de mejorar!

Vuelve a leer el párrafo que escribiste en la página 170. Asegúrate de que las palabras que usaste expresen los significados que deseas. En caso contrario, usa sinónimos.

Corrección

Trenes bala

NOMBRE: _____ **FECHA:** _____

Instrucciones: Escribe en cada renglón una conjunción que tenga un significado parecido al que está debajo del renglón.

1. Los coches de los trenes bala están unidos, _____, no se pueden
   (o sea)
   separar.

2. Estaba asustado por la velocidad, _____ no quería reconocerlo.
   (pero)

3. La seguridad es una prioridad, _____ la red *Shinkansen*
   (así que)
   nunca ha sufrido un accidente fatal.

4. Otros países han usado la red *Shinkansen* como inspiración _____
   (porque)
   es muy eficiente.

5. Hay que dar mantenimiento a los trenes bala _____ siempre
   (para que)
   vayan a funcionar bien.

. . . .

¡Hora de mejorar!

¿Usaste conjunciones en tu párrafo? Si es así, vuelve a leer tu párrafo y asegúrate de que las hayas usado correctamente.

¡Recuerda!

Aquí hay algunas conjunciones que te pueden ser útiles:

- *o bien*, *por consiguiente*, *mas*, *es decir*, *ya que*, *a fin de que*, *mientras que*

NOMBRE: _____ **FECHA:** _____

Instrucciones: ¿Debería Estados Unidos construir su propio tren bala? Explica tu opinión y por qué piensas de esa manera.

_____

_____

_____

_____

_____

_____

_____

_____

_____

_____

_____

_____

Preescritura
La Torre Eiffel

NOMBRE: _____ **FECHA:** _____

Instrucciones: Lee las notas de la narración en el diagrama de flujo. Coloca asteriscos junto a entre seis y ocho cosas que, para ti, deberían ser parte de un párrafo narrativo sobre una muchacha que visita la Torre Eiffel en París, Francia.

INTRODUCCIÓN

_____ último día en París

_____ fue a un museo el día anterior

_____ finalmente en la Torre Eiffel

DESARROLLO

_____ insistió en subir los 1,665 escalones de la torre

_____ muy concurrida en la cima

_____ no se apretujó en las escaleras

_____ podía ver a millas de distancia

FINAL

_____ allí al atardecer cuando se encendieron las luces

_____ usó el ascensor para descender

_____ recuerdo preferido de París

NOMBRE: _____ **FECHA:** _____

Instrucciones: Lee el párrafo narrativo sobre la visita de Alena a la Torre Eiffel. Subraya las oraciones que, para ti, deberían ser parte de la historia.

> Alena sentía mariposas que le revoloteaban en el estómago. Era su último día en París, y finalmente iría a conocer la Torre Eiffel. Ayer, su grupo de excursiones había visitado un museo. La mayoría de los miembros del grupo quería subir en ascensor, pero Alena insistió en que quería subir de la manera tradicional. Subió los 1,665 escalones para llegar a la cima. Las escaleras estaban bastante vacías, pero la cima era como un zoológico. Mientras contemplaba París desde lo alto, vio nubes que parecían pelotas de algodón y un atardecer que pintaba franjas en el cielo. Podía ver a millas de distancia. El sol se escurrió por el horizonte y se encendieron las luces de la Torre Eiffel. Eran tan brillantes como el sol. Cansada, pero feliz, Alena usó el ascensor para descender con el resto del grupo. Este sería, sin dudas, su recuerdo preferido de París.

¡Recuerda!

Un párrafo narrativo sólido debería tener las siguientes características:

- una introducción, un desarrollo y un final;
- parecer una historia;
- detalles interesantes.

Práctica para escribir en cursiva *abc*

Instrucciones: Usa letra cursiva para escribir *París, Francia*.

_____

Revisión

La Torre Eiffel

NOMBRE: _____ **FECHA:** _____

Instrucciones: Escribe *S* si la oración incluye un símil. Escribe *M* si la oración incluye una metáfora. Luego, subraya el símil o la metáfora en cada oración.

_____ **1.** Alena siente como si tuviera mariposas en el estómago.

_____ **2.** La cima de la torre es un zoológico.

_____ **3.** El atardecer pinta franjas de color en el cielo.

_____ **4.** Ve nubes como pelotas de algodón.

_____ **5.** Las luces son tan brillantes como el sol.

¡Refuerza tu aprendizaje! 🚀

Usar símiles y metáforas puede hacer que tus escritos sean más emocionantes.

- Un símil compara dos cosas distintas usando las palabras *como, cual, tal, parecer* o *así*.

  Ejemplo: John es *fuerte como un toro*.

- Una metáfora compara dos cosas sin usar las palabras *como, cual, tal, parecer* o *así*.

  Ejemplo: El cabello de Jenna *está encendido*.

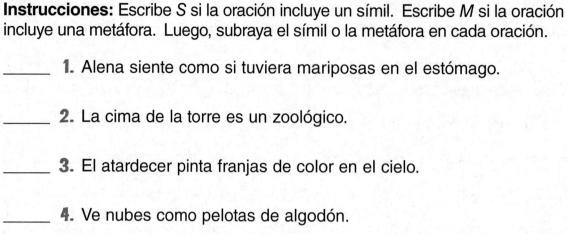

NOMBRE: _____ **FECHA:** _____

Instrucciones: Lee las oraciones y encuentra errores de uso de mayúsculas. Usa los símbolos ≡ y ∕ para corregir los errores.

1. la Torre eiffel fue construida en 1889.

2. Fue construida como Arco de Entrada para la feria internacional.

3. La Torre se pinta cada siete años para protegerla de la Herrumbre.

4. Hay 20,000 Bombillas de luz en la torre Eiffel.

5. Estuvo cerca de ser derribada, pero se la conservó porque podía usarse como Antena de Radio.

¡Recuerda!

Los sustantivos propios nombran personas, lugares y cosas específicos. Siempre deben escribirse con mayúscula inicial.

Ejemplos

- *ciudad* (sustantivo común) y *Ciudad de México* (sustantivo propio)

- *estatua* (sustantivo común) y *Estatua de la Libertad* (sustantivo propio)

NOMBRE: _____ **FECHA:** _____

Publicación
La Torre Eiffel

Instrucciones: Vuelve a leer el párrafo narrativo sobre la visita de Alena a la Torre Eiffel. Piensa en lo que has aprendido esta semana. Usa los márgenes para escribir tres maneras en las que se podría mejorar el párrafo.

Alena sentía mariposas que le revoloteaban en el estómago. Era su último día en parís, y finalmente iría a conocer la torre Eiffel. Ayer, su Grupo de Excursiones había visitado un museo. La mayoría de los miembros del grupo quería subir en ascensor, pero Alena insistió en que quería subir de la manera tradicional. Subió los 1,665 escalones para llegar a la cima. Las escaleras estaban bastante vacías, pero la cima era como un zoológico. Mientras contemplaba parís desde lo alto, vio nubes que parecían pelotas de algodón y un atardecer que pintaba franjas en el cielo. Podía ver a millas de distancia. El sol se escurrió por el horizonte y se encendieron las luces de la torre Eiffel. Eran tan brillantes como el sol. Cansada, pero feliz, Alena usó el ascensor para descender con el resto del grupo. Este sería, sin dudas, su recuerdo preferido de parís.

Esta semana, aprendí lo siguiente:

- a incluir una introducción, un desarrollo y un final
- qué son los símiles y las metáforas
- a usar mayúscula inicial en sustantivos propios

NOMBRE: _____ **FECHA:** _____

Instrucciones: Lee el párrafo sobre la Torre de Pisa en Italia. Usa la información y tu imaginación para hacer una lluvia de ideas de un párrafo narrativo sobre la visita de un estudiante a la Torre de Pisa. Luego, escribe tus ideas en el diagrama de flujo.

La Torre de Pisa en Pisa, Italia, es una de las torres más famosas del mundo porque está inclinada. El edificio circular de 8 pisos está inclinado debido al suelo blando que lo sostiene. Mide 183 pies (56 metros) de alto del lado hundido y casi 186 pies (57 metros) de alto del otro lado. Hay 294 o 296 escalones para llegar a la cima, según el lado por el que la persona ascienda. La torre fue construida como un campanario separado para la catedral de Pisa. La construcción comenzó en 1173 y su finalización llevó 200 años.

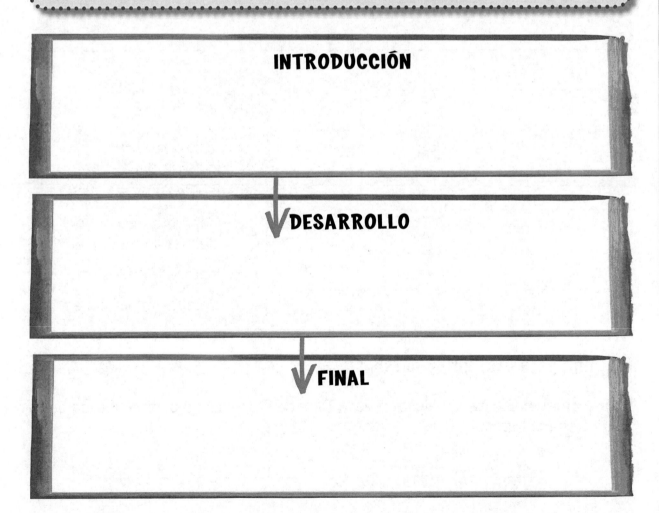

INTRODUCCIÓN

DESARROLLO

FINAL

Borrador

La Torre de Pisa

NOMBRE: _____ **FECHA:** _____

Instrucciones: Imagina una ocasión en la que un estudiante visita la Torre de Pisa. Incluye detalles que describan cómo se sintió el estudiante y qué vio. Usa tu diagrama de flujo de la página 179 como ayuda para redactar el borrador de tu párrafo narrativo.

_____

_____

_____

_____

_____

_____

_____

_____

_____

_____

> **¡Recuerda!**
>
> Un párrafo narrativo sólido debería tener las siguientes características:
>
> • una introducción, un desarrollo y un final
>
> • parecer una historia
>
> • detalles interesantes

Práctica para escribir en cursiva *abc*

Instrucciones: Escribe la ubicación de la Torre de Pisa en letra cursiva: *Piazza del Duomo en Pisa, Italia.*

_____

_____

NOMBRE: _____ **FECHA:** _____

Instrucciones: Completa las oraciones con una frase del banco de frases. Si la oración contiene un símil, escribe *S* antes de la oración. Si contiene una metáfora, escribe *M*.

Banco de frases

como una flecha   polillas a la luz   luz de Pisa   como un anzuelo

---

_____ **1.** La Torre de Pisa no está erguida _____.

_____ **2.** De hecho, está torcida _____.

_____ **3.** La torre es la _____.

_____ **4.** Las personas se ven atraídas a visitarla como _____
_____.

¡Hora de mejorar!

¿Haz incluido símiles o metáforas en el párrafo narrativo que escribiste en la página 180? Si no lo has hecho, regresa al párrafo e intenta agregar uno o dos casos para que tu escrito sea más emocionante.

¡Recuerda!

- Los símiles hacen comparaciones usando las palabras *como, cual, tal, parecer* o *así.*

- Las metáforas hacen comparaciones sin palabras *como, cual, tal, parecer* o *así.*

© Shell Education

Corrección

La Torre de Pisa

NOMBRE: _____ **FECHA:** _____

Instrucciones: Usa los símbolos ≡ y ╱ para corregir las oraciones. Luego, escribe por qué hiciste las correcciones.

1. durante la segunda guerra mundial, la torre de pisa estuvo a punto de ser destruida.

   _____

   _____

2. muchos edificios altos en italia eran utilizados por los nazis como torres vigía.

   _____

   _____

3. se ordenó a los soldados estadounidenses que bombardearan cualquier torre que pudiera funcionar como vigía.

   _____

   _____

4. la belleza de la torre de pisa fue lo que la salvó de la destrucción.

   _____

   _____

· ·

¡Hora de mejorar!

Vuelve a leer el párrafo que escribiste en la página 180 y presta especial atención a los sustantivos. Asegúrate de que todos los sustantivos propios lleven mayúscula inicial correctamente.

NOMBRE: _____ **FECHA:** _____

Instrucciones: Imagina una ocasión en la que un estudiante visita la Torre de Pisa. Incluye detalles que describan cómo se sintió el estudiante y qué vio.

Publicación
La Torre de Pisa

NOMBRE: _____ FECHA: _____

Instrucciones: Lee las notas sobre un campamento. Coloca asteriscos junto a entre cinco y siete elementos que, para ti, sería interesante incluir en una narración personal sobre acampar.

_____ Estaba muy emocionado por mi primer campamento.

_____ Todo parecía salir mal.

_____ No pudimos armar la tienda de campaña.

_____ Mi mamá olvidó la nevera portátil con las bebidas.

_____ Quería ir a caminar.

_____ Papá tardó más de una hora en comenzar la fogata.

_____ Mi hermana pequeña les tenía miedo a los osos.

_____ Dejé caer mi perro caliente en la fogata.

_____ Cuando finalmente nos instalamos, comenzó a llover.

NOMBRE: _____ **FECHA:** _____

Instrucciones: Lee la narración personal. Subraya las oraciones que, para ti, pertenecen al párrafo.

Había esperado con ansias mi primer campamento durante semanas. Estaba muy emocionado cuando finalmente partimos el viernes, después de la escuela. Todo comenzó sin complicaciones, pero no pasó mucho tiempo antes de que las cosas comenzaran a salir mal. Sacamos nuestra tienda de campaña nueva de la bolsa y comenzamos a armarla. Notamos que faltaba una varilla, entonces era imposible armarla. Mi papá dijo que podíamos dormir bajo el hermoso cielo. Ya teníamos hambre para cenar. Mi papá comenzó a prender el fuego, pero le llevó más de una hora hacerlo. Yo no podía esperar pacientemente. Mi mamá fue a buscar la nevera portátil con las bebidas que estaba en la camioneta, pero volvió con las manos vacías. Se había olvidado la nevera en casa. A medida que la oscuridad nos invadía, yo tenía hambre, sed y estaba malhumorado. Abrí mi bolsa de dormir, ilusionado con poder ver las estrellas. Está muy nublado, me dije a mí mismo, y en ese momento la primera gota mojó mi mejilla.

Práctica para escribir en cursiva *abc*

Instrucciones: Usa letra cursiva para escribir cuatro cosas que necesitarías llevar a un campamento.

_____   _____

_____   _____

Revisión Acampar

NOMBRE: _____ **FECHA:** _____

Instrucciones: Usa los sufijos del banco de sufijos para completar las palabras de las oraciones. Puedes usar un sufijo más de una vez.

> **Banco de sufijos**
> -ción   -mente   -ado   -idad

1. Las cosas comienzan sin complica_____.

2. No puedo esperar paciente_____.

3. La oscur_____ comienza a invadirnos.

4. Estoy ilusion_____ con ver las estrellas.

5. El cielo está nubl_____.

¡Refuerza tu aprendizaje! 🚀

Un **sufijo** es una letra o un grupo de letras que se agregan al final de una palabra y que cambian levemente su significado.

Ejemplos
oscuro ➔ oscur**idad**
amigo ➔ amig**able**

© Shell Education

NOMBRE: _____ **FECHA:** _____

Instrucciones: Usa el símbolo ∨ para introducir dos puntos y rayas de diálogo. Luego, escribe una línea de diálogo para responder.

1. Mi papá dijo
podemos dormir bajo el hermoso cielo.

_____

_____

2. Olvidé la nevera en casa dijo ella.

_____

_____

3. Está muy nublado dijo mi hermana.

_____

_____

¡Recuerda!

Consejos para el uso de rayas de diálogo:

- La raya de diálogo se pone antes de la intervención de un personaje y también antes de la intervención del narrador.

- Lo que dice un personaje comienza con mayúscula. Si el narrador usa un verbo de habla (*decir*, *añadir*, *preguntar*, *exclamar*, *asegurar*, etc.) la intervención del mismo comienza en minúscula.

- No debe dejarse espacio entre la raya de diálogo y el comienzo de las intervenciones.

   Ejemplo: —Los campamentos son una divertida manera de experimentar la naturaleza —dijo el guía de turismo.

NOMBRE: _____ **FECHA:** _____

Instrucciones: Lee el párrafo. Piensa en lo que has aprendido esta semana. Escribe notas en los márgenes que expliquen tres maneras en las que el autor podría mejorar el párrafo.

Había esperado con ansias mi primer campamento durante semanas. Estaba muy emocionado cuando finalmente partimos el viernes, después de la escuela. Todo comenzó sin complicaciones, pero no pasó mucho tiempo antes de que las cosas comenzaran a salir mal. Sacamos nuestra tienda de campaña nueva de la bolsa y comenzamos a armarla. Notamos que faltaba una varilla, entonces era imposible armarla. Mi papá dijo que podíamos dormir bajo el hermoso cielo. Ya teníamos hambre para cenar. Mi papá comenzó a prender el fuego, pero le llevó más de una hora hacerlo. Yo no podía esperar pacientemente. Mi mamá fue a buscar la nevera portátil con las bebidas que estaba en la camioneta, pero volvió con las manos vacías. Se había olvidado la nevera en casa. A medida que la oscuridad nos invadía, yo tenía hambre, sed y estaba malhumorado. Abrí mi bolsa de dormir, ilusionado con poder ver las estrellas. Está muy nublado, me dije a mí mismo, y en ese momento la primera gota mojó mi mejilla.

Esta semana, aprendí lo siguiente:

- a incluir información interesante en las narraciones
- sobre los diferentes sufijos
- a usar las rayas de diálogo correctamente

NOMBRE: _____ **FECHA:** _____

Instrucciones: Escribe notas que incluirías en una narración personal sobre una ocasión en la que hayas ido a nadar. Usa una experiencia real o tu imaginación. Asegúrate de que tus notas sean emocionantes e interesantes.

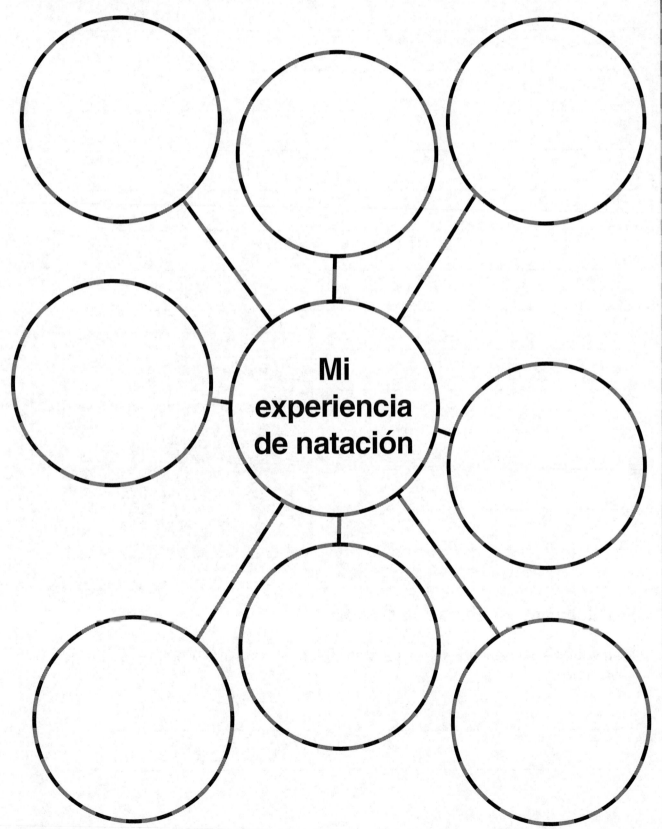

Mi experiencia de natación

Borrador

Nadar

NOMBRE: _____ **FECHA:** _____

Instrucciones: Imagina una ocasión en la que hayas ido a nadar. Describe la experiencia e incluye dónde nadaste y con quién. Usa tus pensamientos e ideas de la página 189 como ayuda para redactar el borrador de tu párrafo narrativo personal.

_____

_____

_____

_____

_____

_____

_____

_____

_____

_____

> **¡Recuerda!**
>
> Una narración personal sólida:
>
> - trata sobre ti
> - tiene una introducción, un desarrollo y un final
> - parece una historia

Práctica para escribir en cursiva *abc*

Instrucciones: Usa letra cursiva para escribir cuatro lugares diferentes en los que hayas nadado.

_____   _____

_____   _____

NOMBRE: _____ **FECHA:** _____

Instrucciones: Lee cada oración. Sombrea los círculos con los sufijos que significan lo mismo que las frases subrayadas.

1. Para nadar hay que usar ropa que <u>se pueda lavar</u> con cloro.

   Ⓐ lavable

   Ⓑ lavadero

3. Construir la piscina fue <u>de mucho costo</u>.

   Ⓐ costero

   Ⓑ costoso

2. Siento que esta competencia <u>se puede ganar</u>.

   Ⓐ ganable

   Ⓑ ganadero

4. Cuidado con ese nadador, <u>tiene muchas mañas</u> para competir.

   Ⓐ mañoso

   Ⓑ mañanero

¡Refuerza tu aprendizaje!

Los sufijos tienen significados distintos.

Ejemplos

- *-able* significa "capacidad de ser" (amigable)

- *-less* significa "cualidad o estado de" (rugoso)

¡Hora de mejorar!

Vuelve a leer la narrativa que escribiste en la página 190. Si usaste sufijos, asegúrate de haberlos usado de manera correcta.

Corrección

Nadar

NOMBRE: _____ FECHA: _____

Instrucciones: Lee la conversación entre una madre y su hijo en la playa. Usa el símbolo ∨ para agregar rayas de diálogo y signos de puntuación a cada oración.

1. Puedo ir a nadar en el mar preguntó el niño a su madre.

2. No hasta que esté lista para ir contigo respondió su madre.

3. El niño zapateó contra el suelo y se quejó
   quiero ir ahora.

4. No es seguro que nades solo explicó amablemente su madre.

5. Comprendo. Estás lista ahora preguntó con una amplia sonrisa.

¡Hora de mejorar!

¿Has usado diálogos en la narración personal que escribiste en la página 190? Si lo hiciste, asegúrate de haberlos usado correctamente. Si no lo hiciste, trata de agregar algunos.

NOMBRE: _____ **FECHA:** _____

Instrucciones: Imagina una ocasión en la que hayas ido a nadar. Describe la experiencia e incluye dónde nadaste y con quién.

_____

_____

_____

_____

_____

_____

_____

_____

_____

_____

_____

_____

_____

_____

_____

CLAVE DE RESPUESTAS

The activity pages that do not have specific answers to them are not included in this answer key. Students' answers will vary on these activity pages, so check that students are staying on task.

Semana 1: Jeroglíficos

Día 1 (page 14)

Los jeroglíficos usan símbolos e imágenes; Los símbolos señalan el comienzo de una línea para que el lector sepa dónde empezar a leer; La escritura no contiene puntuación; Hay más de 700 símbolos; La piedra de Rosetta ayudó a que las personas supieran cómo leer los símbolos; Los egipcios escribieron jeroglíficos en papel llamado *papiro*.

Día 2 (page 15)

¡Más de 700 símbolos!; Escritura en griego y egipcio una al lado de la otra.

Día 3 (page 16)

Example answers include:

1. Un jeroglífico es algo hermoso de ver.
2. Los egipcios escribían en un papel antiguo llamado *papiro*.
3. Un jeroglífico es difícil de comprender.
4. La piedra Rosetta fue muy importante para traducir los jeroglíficos.

Día 4 (page 17)

1. Egipto está en el noreste de **África**.
2. El maquillaje protegía del sol el **rostro** de las personas.
3. El río **Nilo** fue importante para los cultivos egipcios.
4. **Los** antiguos egipcios usaban **pasta** dental.
5. Los soldados franceses encontraron la **piedra** de Rosetta.
6. El **líder egipcio** se llamaba *faraón*.

Semana 2: Pirámides

Día 1 (page 19)

Las estructuras tenían la intención de proteger los cuerpos de los faraones para siempre; Las pirámides se llenaban con elementos y tesoros necesarios para la vida después de la muerte; Los faraones se enterraban en las pirámides; Los familiares y sirvientes a veces eran enterrados en las pirámides.

Día 3 (page 21)

1. OMF; Las pirámides se construyeron al oeste del río Nilo**, que** se conoce como la "Tierra de los Muertos".
2. F; **Las pirámides fueron** construidas de piedra caliza por miles de trabajadores.
3. OMF; La Esfinge tenía la cabeza de un faraón **y** el cuerpo de un león.

Día 4 (page 22)

Capitalize: Rey Tut; Egipto; Howard

Lowercase: faraón; arqueólogo; tesoros; artefactos; antiguo

Día 5 (page 23)

See Informative/Explanatory Writing Rubric on page 203.

Semana 3: *Hurling*

Día 1 (page 24)

1.	R	4.	P
2.	J	5.	J
3.	R	6.	P

Día 2 (page 25)

Example answers include:

1. Pasar la pelota de tantas maneras diferentes hace que el *hurling* sea más interesante que otros deportes.
2. Es emocionante ver los juegos porque se anotan muchos puntos.
3. Los jugadores juegan por orgullo y amor, lo cual es mejor que los atletas profesionales que juegan por dinero.

Día 3 (page 26)

jugadores, redes, deportes, pies, travesaños, palos, cascos, pelotas, equipos, manos

Día 4 (page 27)

1. Los jugadores **pueden** golpear las pelotas con los palos de *hurley*.
2. Los *hurlers* **deben** correr rápido para jugar este deporte.
3. Los equipos **pueden** obtener hasta tres puntos en una anotación.
4. Un jugador **debe** tener reflejos rápidos en el *hurling*.
5. Los jugadores amateurs **podrían** recibir pago.

Semana 4: Críquet

Día 3 (page 31)

1. Joseph escribirá este ensayo sobre **las** leyes del críquet.
2. **Los** jueces **tienen los** pasatiempos de mirar críquet.
3. La victoria es **de los** jugadores felices.

Día 4 (page 32)

deben; podrían; deberían; habría

Día 5 (page 33)

See Opinion Writing Rubric on page 202.

Semana 5: Pastelitos

Día 1 (page 34)

Vista: glaseado rosa, granas, vela encendida, grande

Gusto/Olfato: vainilla, azúcar, chocolate, dulce

Tacto: envoltorio arrugado, glaseado pegajoso, tibio, húmedo

CLAVE DE RESPUESTAS *(cont.)*

Día 2 (page 35)

Underline: Una vela encendida y resplandeciente estaba en medio de las granas esparcidas en el azúcar glas; Después de pedir su deseo y soplar la vela, Jada quitó el envoltorio arrugado; Un poco de glaseado se le pegó al labio cuando mordió la torta de chocolate; Era dulce y delicioso; Aspirando la esencia de vainilla, dio otro bocado.

Día 4 (page 37)

1. E; ¡!
2. IN; ¿?
3. E; ¡!
4. D; .
5. IM; .
6. IN; ¿?
7. IM; .
8. D; .

Día 5 (page 38)

1. El autor no se mantiene en el tema. En vez de mantener el enfoque en el pastelito, el autor añade detalles sobre un regalo de cumpleaños y el jugo que servía la madre de Jada.

Semana 6: Helado

Día 3 (page 41)

1. Los <u>crujientes</u> y <u>tibios</u> conos saben <u>deliciosos</u>.
2. El helado <u>congelado</u> se derrite en días <u>calurosos</u>.
3. Las fresas son <u>divertidas</u> opciones <u>frutales</u>.
4. Los ingredientes <u>naturales</u> hacen sabores <u>deliciosos</u> y <u>frescos.</u>

Día 4 (page 42)

Las personas comen conos de helado todos los días. ¿Pero cuándo se inventó el cono? ¡Ahora, los conos están en todas partes! La próxima vez que comas un cono de helado, ¡recuerda la Feria Mundial de 1904!

Día 5 (page 43)

See Narrative Rubric on page 204.

Semana 7: Esqueleto

Día 1 (page 44)

Los bebés tienen 300 huesos, pero los adultos tienen 206; El hueso más largo del cuerpo es el hueso del muslo, que se llama fémur; Los huesos de las manos y los pies conforman la mitad de los huesos del cuerpo; El hueso más pequeño del cuerpo está en el oído. Es más pequeño que un grano de arroz.

Día 2 (page 45)

Example answers: El esqueleto humano es fascinante; El esqueleto brinda soporte a todo el cuerpo.

Día 3 (page 46)

Por ejemplo; Por otra parte; De hecho

Día 4 (page 47)

1. definition 3
2. definition 1
3. Students answers will vary.

Día 5 (page 48)

1. Al párrafo le faltan oraciones introductorias y finales. Va directo a la información.
2. Sí, el párrafo informa al lector sobre los huesos. Incluye muchos datos sobre los huesos.

Semana 8: Músculos

Día 1 (page 49)

cubren el esqueleto y mueven los huesos; se usan para movimientos voluntarios; las capas musculares controlan los órganos; se usan para movimientos involuntarios; bombean el corazón y la sangre solo en el corazón

Día 3 (page 51)

1. Por ejemplo
2. Puesto que
3. Por otra parte
4. pero
5. Además de

Día 5 (page 53)

See Informative/Explanatory Writing Rubric on page 203.

Semana 9: Código morse

Día 1 (page 54)

1. V
2. V
3. D
4. V
5. V
6. D
7. D

Día 2 (page 55)

Underline: La comunicación a través de este código es bastante segura; Dado que no todos lo conocen, es poco probable que el mensaje llegue a manos equivocadas; El equipo no es costoso y transmitir los mensajes es fácil; El código morse se usa en todo el mundo y lo comprenden receptores de todos los países.

Día 3 (page 56)

1. Aunque es considerado anticuado, o pasado de moda, por algunas personas...
2. ... y <u>transmitir</u> los mensajes, o mandar y recibir información, es fácil.

Día 4 (page 57)

1. tubo—tuvo
2. valla—vaya
3. ora—hora
4. holas—olas
5. vello—bello
6. Student answers will vary.

Semana 10: Telegramas

Día 3 (page 61)

1. *Perturbaba* significa que la molestaba o alteraba. La pista contextual da un ejemplo para aclarar el significado.
2. *Superfluo* significa una cantidad innecesaria. La pista contextual da un ejemplo para aclarar el significado.
3. *Atento* significa trabajar cuidadosamente y prestar atención. La pista contextual da una paráfrasis o una definición de la palabra.

Día 5 (page 63)

See Opinion Writing Rubric on page 202.

CLAVE DE RESPUESTAS *(cont.)*

Semana 11: Gran danés

Día 1 (page 64)

una de las razas de perros más grandes; los machos pesan entre 120 y 200 libras (54 a 91 kilogramos), las hembras entre 100 y 130 libras (45 a 59 kilogramos); el perro más grande en el *Libro Guinness de los récords 2014;* los colores son: negro, beige (castaño amarillento con "máscara" negra en la cara), berrendo (beige y negro mezclados) y arlequín (blanco con grandes marcas negras); las orejas pueden recortarse (cortar de modo que queden paradas) o dejarse naturales (caídas)

Día 2 (page 65)

1. "El record mundial de 2014 para el perro más grande fue un gran danés llamado Zeus" no debe estar en el borrador porque no brinda apoyo a la idea principal.

Día 3 (page 66)

1. OMF; El gran danés tiene pelo corto **y** requiere cepillado una vez a la semana.
2. C
3. OMF; El gran danés necesita caminar diariamente, **pero** no es un perro que ejercite mucho.
4. OMF; Esta raza necesita estar rodeada de personas **o** puede ponerse ansiosa.

Día 4 (page 67)

1. estuvimos
2. estará
3. están
4. estoy

Semana 12: Chihuahueños

Día 1 (page 69)

características físicas: raza de perros más pequeños que pesan de 4 a 6 libras (2 a 3 kilogramos): pueden tener pelo corto o largo; su expectativa de vida es de 12 a 20 años; los pelajes pueden ser de cualquier color, de un solo color o de varios colores.

historia de la raza: se hallaron en México vasijas de arcilla que datan del año 100 d. C. con perros parecidos a los chihuahueños modernos; reciben el nombre de un estado de México llamado Chihuahua; posiblemente descendieron del feneco, que es pequeño con ojos y orejas grandes.

temperamento y personalidad: se consideran una raza de perros difíciles de adiestrar, o entrenar; inteligentes y leales con sus dueños; les gusta esconderse entre almohadas y mantas.

Día 3 (page 71)

Los cachorros recién nacidos son bonitos, **pero** necesitan mucha ayuda durante sus primeras semanas; No pueden ni mantener la temperatura de su cuerpo, **y** (o **por eso**) se acurrucan juntos para mantenerse calentitos; Después de dos semanas, los oídos y ojos sellados se abren, **y**, a la tercera semana, comienzan a caminar.

Día 4 (page 72)

1. estaban viendo
2. estaba pensando
3. está dando
4. se están devorando
5. va a comprar
6. van a crecer

Día 5 (page 73)

See Informative/Explanatory Rubric on page 203.

Semana 13: Yosemite

Día 1 (page 74)

Introducción: reunir suministros para senderismo en el campamento

Desarrollo: escalar hasta la cima de la montaña y observar el territorio; observar ciervos, zorros y linces al caminar; detenerse a buscar agua en el arroyo

Final: caminar de vuelta al campamento

Día 2 (page 75)

1. Students may say that it is a strong draft because it includes a beginning, middle, and an end to a story. It also includes many adjectives.

Día 3 (page 76)

Answers may include:

1. precioso, impresionante
2. enorme, formidable
3. helada, congelada
4. entretenido, animado

Día 4 (page 77)

1. —¡Las secuoyas son tan altas! —dijo el excursionista.
2. —Yosemite se inició en 1890 —dijo el guía del recorrido.
3. —¡Nunca antes había visto algo tan hermoso! —dijo el visitante.
4. —Es hora de dormir, porque mañana vamos a caminar —dijo Papá.
5. —Volvamos el año próximo —dijo el hijo.

Semana 14: El Gran Cañón

Día 3 (page 81)

Example answers:

Mi aventurera familia y yo hicimos descenso en balsa en el hermoso y enorme Gran Cañón.

Todos estaban increíblemente asustados, excepto yo.

El agua salvaje y rápida estaba turbulenta.

Una de las mochilas más pesadas cayó de la balsa tambaleante.

Día 5 (page 83)

See Narrative Writing Rubric on page 204.

CLAVE DE RESPUESTAS *(cont.)*

Semana 15: Cuatro cuadrados

Día 1 (page 84)

Answers may include: Jugué el miércoles cuando estaba ventoso; Marco se la pasaba atrapando la pelota; Meg pateó la pelota por accidente; Marco discutió que la pelota había picado sobre la línea; Lauren estaba sola, entonces la invitamos a unírsenos; Nunca salí.

Día 2 (page 85)

Order may vary but could include:

2. Marco se la pasaba atrapando la pelota y tuvimos que recordarle que solo debía pegarle.
4. Una vez Meg se confundió y pateó la pelota, lo cual fue muy gracioso.
1. Una niña estaba sola, sin jugar con nadie, entonces la invitamos a unírsenos.
3. Marco también discutió con nosotros que la pelota había picado sobre la línea cuando sacó.
5. Lo mejor del juego es que no salí nunca del juego.

Día 3 (page 86)

1. A. entretenido
2. A. palmear
3. C. cambiables
4. B. ropa
5. Answers will vary.

Día 4 (page 87)

1. quien
2. que
3. quien
4. cuyo
5. que

Día 5 (page 88)

1. El párrafo está bien organizado y describe los hechos que tuvieron lugar.
2. El autor podría haber usado más adjetivos para hacer más interesante el párrafo.

Semana 16: *Kickball*

Día 3 (page 91)

Example answers:

El tiempo hoy: frío, ventoso, soleado
Una pelota de *kickball*: redonda, roja, rebotona
Estudiante: alto, pecoso, fuerte

1. El fuerte estudiante pateó la pelota roja de *kickball* durante el ventoso recreo.
2. La redonda pelota de *kickball* se desplazó por encima de la cabeza del estudiante alto.
3. El tiempo frío no impidió que el estudiante pecoso jugara.

Día 4 (page 92)

que, que, quien, quien, cuyos

Día 5 (page 93)

See Narrative Writing Rubric on page 204.

Semana 17: Los hermanos Wright

Día 1 (page 94)

El primer vuelo fue el 17 de diciembre de 1903, en Kitty Hawk, Carolina del Norte; Fue el primer vuelo accionado a motor con una persona a bordo; Orville cubrió 120 pies (37 metros) en 12 segundos; Los hermanos eligieron Kitty Hawk, Carolina del Norte, por el viento y la arena suave. Ambos, Orville y Wilbur, volaron más tarde ese día.

Día 2 (page 95)

1. Cross out: "Cuando los franceses se enteraron, se mostraron escépticos de que el vuelo realmente se hubiera realizado." Puede tacharse porque no es sobre el primer vuelo, que es el tema principal del párrafo.

Día 3 (page 96)

1. veces
2. lápices
3. veloces
4. capaces
5. voces
6. felices

Día 4 (page 97)

1. **Los** (en mayúscula porque está en el comienzo de la oración) hermanos **Wright** (en mayúscula porque es nombre propio) hicieron historia y cumplieron con el sueño de sus vidas cuando volaron por primera vez.
2. **El** (en mayúscula porque está en el comienzo de la oración) histórico vuelo fue el 17 de diciembre de 1903, en **Kitty Hawk** (en mayúscula porque es nombre propio), **Carolina** del **Norte** (en mayúscula porque es nombre propio).
3. **Orville** (en mayúscula porque está al principio de la oración y además es nombre propio) y **Wilbur** (en mayúscula porque es nombre propio) eran de **Ohio** (en mayúscula porque es nombre propio), pero fueron a **Carolina** del **Norte** (en mayúscula porque es nombre propio) para el vuelo.

Semana 18: Henry Ford

Día 1 (page 99)

Se fabricó con partes intercambiables, entonces el automóvil tardó menos tiempo en fabricarse; A los trabajadores se les pagaron $5.00 al día; a la mayoría de los otros trabajadores se les pagaban $2.34 al día; Se fabricó en una cadena de montaje móvil, de modo que el automóvil fue menos costoso de fabricar; Se introdujo en octubre de 1908; Se apodó "Tin Lizzie"

Día 3 (page 101)

veloces; luces; tenaces; incapaces, veces

Día 4 (page 102)

Capitalize: Modelo T, Tin Lizzie, Henry Ford, Estados Unidos, Tin Lizzie

Lowercase: popular, automóviles, volante, mundo automotor

Día 5 (page 103)

See Informative/Explanatory Writing Rubric on page 203.

CLAVE DE RESPUESTAS *(cont.)*

Semana 19: Snowboard

Día 3 (page 106)
1. empezara de cero
2. me van a costar un ojo de la cara
3. mata dos pájaros de un tiro

Día 4 (page 107)
1. "¡Esas cosas son costosas!", exclamó.
2. Samuel preguntó: "¿Dónde está mi tabla de snowboard?".
3. "¡Esto es sorprendente!", gritó.
4. "¿Puedo pedir tus gafas hoy", Juana le preguntó a su hermano.
5. "Pero sobre todo, él quería hacer un giro", dijo Juana.

Semana 20: Patinaje sobre hielo

Día 3 (page 111)
1. B. ser pan comido
2. E. estar en la luna
3. A. dar la espalda
4. C. ser uña y carne
5. D. ahogarse en un vaso de agua

Día 4 (page 112)
1. "¡Caer duele!", exclamó Jess.
2. "¿Cuándo vamos a la pista?", preguntó Edward.
3. Sierra dijo: "Los patines negros son mis favoritos".
4. Jeremiah preguntó: "¿Llegaremos tarde a la práctica?".
5. "Me encanta patinar", afirmó Rachael.

Día 5 (page 113)
See Narrative Writing Rubric on page 204.

Semana 21: Mozart

Día 1 (page 114)
1. S
2. N
3. N
4. N
5. S
6. S

Día 2 (page 115)
Possible sentences include: necesitaba ser compartido con otros; las personas tenían que hacer lo que decía la realeza; Él o su familia podrían haber sufrido graves consecuencias.

Día 3 (page 116)
1. reintentar
2. maltratado
3. prevén
4. redescubrió

Día 4 (page 117)
1. dentro
2. sobre
3. hacia
4. a través
5. a
6. debajo
7. antes
8. después

Día 5 (page 118)
1. El autor podría contar más acerca de las consecuencias que hubieran podido sufrir Mozart y su familia si se hubieran negado.

Semana 22: Beethoven

Día 3 (page 121)
1. **pre**cede
2. **pre**escolar
3. **des**afortunado
4. **re**pasaba
5. **mal**interpretó
6. Student answers will vary.

Día 4 (page 122)
en, de, cerca de, a, de, por

Día 5 (page 123)
See Opinion Writing Rubric on page 202.

Semana 23: Asteroides

Día 1 (page 124)
Billones de asteroides están en el cinturón de asteroides; Los tamaños varían desde un guijarro hasta 150 millas (241 kilómetros) de diámetro; El planeta enano Ceres es parte del cinturón de asteroides; Los asteroides están a 600,000 millas (965,606 kilómetros) de distancia; La mayoría de los asteroides son de forma aterronada.

Día 2 (page 125)
Underline: Desde pequeños guijarros hasta 150 millas (241 kilómetros) de diámetro; Aterronados, no redondos.

Día 3 (page 126)
1. **El planta enano Ceres** es un asteroide del cinturón de asteroides.
2. **Ceres** fue descubierto en 1801 por Giuseppe Piazzi.
3. **El asteroide** es de aproximadamente un cuarto del tamaño de la luna de la Tierra.
4. **El Observatorio Espacial Herschel** descubrió vapor de agua en Ceres.
5. **Un año en Ceres** es igual a 4.6 años en la Tierra.
6. Student answers will vary.

Día 4 (page 127)
1. definition 3
2. definition 2
3. Student answers will vary.

Semana 24: Cometas

Día 1 (page 129)
tres partes: núcleo, coma, cola; núcleo: centro sólido formado por polvo y hielo; coma: atmósfera de gas y polvo alrededor del núcleo; dos colas: polvo y plasma; parecen "bolas de nieve sucias"

Día 4 (page 132)
1. definition 2
2. definition 3
3. Student answers will vary.

Día 5 (page 133)
See Informative/Explanatory Writing Rubric on page 203.

Semana 25: Energía solar

Día 1 (page 134)
Ventajas: no genera contaminación; una vez instalado el sistema, tiene costos bajos de funcionamiento; es un recurso limpio y renovable; los costos disminuyen con el tiempo

CLAVE DE RESPUESTAS *(cont.)*

Desventajas: no se puede recolectar energía solar durante la noche ni los días nublados; la instalación es costosa; no es muy eficiente a la hora de convertir la energía en electricidad

Día 2 (page 135)

Underline: A diferencia de las fuentes de energía tradicionales, la energía solar no genera contaminación; Es un recurso limpio y renovable, lo cual significa que perdurará sin agotarse; La instalación de los paneles solares es costosa, pero, año tras año, es cada vez menos costosa y los usuarios ahorran mucho dinero; Una vez que se ha construido e instalado el equipo, no hay costos de funcionamiento porque la luz del sol es gratuita.

Día 3 (page 136)
1. B. halla
2. C. haya
3. A. haya
4. C. haya

Día 4 (page 137)
1. La **energía solar** es difícil de aprovechar en países con climas nublados y lluviosos como **Inglaterra**.
2. El **calor** y la energía son dos productos del sol.
3. *Solar* es la palabra **latina** para denominar al sol.
4. En la década de 1830, un hombre llamado **John Herschel** usaba energía solar para cocinar **alimentos**.
5. La energía puede almacenarse en **baterías** y ser utilizada durante la **noche**.

Día 5 (page 138)
1. El autor incluye algunas razones que no respaldan su opinión. Para mejorar, el autor podría haber planteado estas razones, pero luego podría explicar por qué la energía solar sigue siendo una buena opción.

Semana 26: Turbinas

Día 1 (page 139)

Ventajas: son altas, pero no ocupan mucha superficie de tierra; el viento es gratuito; no genera contaminación ni gases del efecto invernadero; son buenas para áreas remotas sin acceso a la electricidad

Desventajas: si no hay viento, no hay energía; son ruidosas para los hogares y comercios cercanos; las aspas de las turbinas matan pájaros; obstruyen el terreno, lo cual es antiestético para algunas personas

Día 4 (page 142)

Capitalize: Medio Oriente, Europa, Estados Unidos

Lowercase: turbinas, molino, siglo primero, persas, agua, granos, ingleses, holandeses, molinos

Día 5 (page 143)
See Opinion Writing Rubric on page 202.

Semana 27: El monte Everest

Día 1 (page 144)

Sí: Estar autorizado a practicar alpinismo debería basarse en la aptitud y no en la edad; Si los padres de un menor lo permiten, las autoridades del monte Everest no deberían interponerse; Practicar alpinismo promueve un estilo de vida saludable, lo cual podría ejercer una influencia positiva en sus compañeros.

No: Es peligroso porque cientos de personas han muerto mientras intentaban alcanzar la cima; El cerebro de los adolescentes no está completamente desarrollado para tomar decisiones importantes; El mal de altura puede afectar a las personas jóvenes de manera diferente que a los adultos.

Día 2 (page 145)

Underline: Los adolescentes que practican alpinismo promueven un estilo de vida saludable, lo cual podría ejercer una influencia positiva en sus compañeros; Alcanzar la cima sería muy emocionante para una persona joven; Todas las personas, sin importar su edad, deberían estar autorizadas a experimentar la emoción de alcanzar la cima.

Día 3 (page 146)
1. B. despiden
2. A. perder
3. B. pobres
4. C. inofensiva
5. C. limitadas
6. A. pequeño

Día 4 (page 147)
1. quién
2. quien
3. Quienes
4. quién
5. quiénes

Semana 28: El monte Kilimanjaro

Día 3 (page 151)
1. El monte Kilimanjaro es la montaña independiente **más alta**, lo cual significa que no es parte de una cordillera.
2. De enero a marzo son los meses **más cálidos** en Tanzania.
3. El parque nacional del monte **abrió** en 1977.
4. La persona **más vieja** en alcanzar la cima fue un francés de 87 años.
5. El **primer** registro de la llegada de una persona a la cima del monte Kilimanjaro es de 1889.

Día 4 (page 152)
1. C
2. I; ¿**Quién** está usando las botas?
3. C
4. I; **Quien** llegue a la cima, sentirá una emoción particular.
5. C

© Shell Education

126829—180 Days of Writing—Spanish

199

CLAVE DE RESPUESTAS *(cont.)*

Día 5 (page 153)
See Opinion Writing Rubric on page 202.

Semana 29: Escultura

Día 1 (page 154)
No se usa hielo opaco ni agrietado; El hielo transparente se forma al disparar aire en el agua a medida que se congela; Se pueden hacer a mano con motosierras, perforadoras o cinceles; Se calienta con un soplete al final para que tenga brillo; Se puede realizar con una máquina giratoria llamada *torno*.

Día 2 (page 155)
Underline: Para crear el hielo perfecto, se usa un propulsor de chorro de aire para introducir aire en el agua a medida que se congela; Las esculturas se pueden hacer a mano, pero los artistas generalmente usan motosierras o cinceles para crearlas; Las máquinas llamadas *tornos* pueden crear esculturas de manera rápida y eficiente; También se pueden usar moldes; Se usa un pequeño soplete para darle brillo a la escultura una vez que se termina de esculpir.

Día 3 (page 156)
1. de hielo; de decorar
2. Para crear; de chorro de aire; para introducir; en el agua
3. a mano; para crearlas
4. para darle
5. Student answers will vary.

Día 4 (page 157)
1. A. votar
2. B. cabe
3. B. hasta
4. A. cayó
5. A. contexto
6. B. grabar

Día 5 (page 158)
1. El párrafo incluye mucha información sobre las esculturas de hielo y podría haber explicado más acerca de por qué las esculturas pueden considerarse formas de arte imaginativas.

Semana 30: Pintura

Día 1 (page 159)
color osado; gotas o salpicaduras de pintura; figuras geométricas; tema no identificable; abierto a la interpretación

Día 4 (page 162)
1. Uno
2. hecha
3. horario
4. cede
5. ciervo
6. haz
7. rayo
8. revelar

Día 5 (page 163)
See Informative/Explanatory Rubric on page 203.

Semana 31: Trenes con motor de vapor

Día 1 (page 164)
Stars: Los motores pueden ubicarse en cualquier parte, en lugar de permanecer fijos junto a un río o lago; Un motor de vapor tiene la misma potencia que muchos caballos; Otras fuentes de energía, como el viento, solo pueden usarse en condiciones climáticas adecuadas.

X's: El humo genera contaminación del aire en el medio ambiente; Las calderas pueden explotar y provocar la pérdida de las vidas de los trabajadores y de los bienes.

Día 2 (page 165)
La mayor parte de la energía antes del siglo XIX requería una cercanía a fuentes de agua, pero el tren con motor de vapor permitió alejarse del agua; los trenes con motor de vapor podían funcionar sin importar las condiciones del medio ambiente; Los caballos eran un medio de viaje común, pero un tren con motor de vapor igualaba la potencia de muchos caballos.

Día 3 (page 166)
1. B. buscaban
2. B. el lago
3. A. imposible
4. A. colinas

Día 4 (page 167)
Check mark: **3. y**

X's: **1.** Los caballos eran comunes, **pero** los trenes eran más útiles; **2.** Los trenes con motor de vapor no eran tan rápidos como los trenes modernos, **aunque** fueron muy importantes en su época; **4.** El vapor podía hacer explotar las calderas **puesto que** estaba bajo presión.

Semana 32: Trenes bala

Día 3 (page 171)
1. *Deambulaba* significa que el pasajero iba de un lado al otro sin un fin determinado, mientras que *caminaba* significa que iba directo a la estación.
2. *Miró* significa que puso su vista en el hombre, mientras que *observó* significa que lo examinó con la mirada durante un tiempo.
3. *Lanzó* significa que hizo llegar algo de un punto hasta otro impulsándolo con la mano, mientras que *arrojó* significa que lo hizo llegar tirándolo con violencia.
4. *Discusión* es un intercambio de palabras sin enojo, mientras que *altercado* es una pelea.

Día 4 (page 172)
1. es decir
2. aunque
3. por eso
4. puesto que
5. a fin de que

Día 5 (page 173)
See Opinion Writing Rubric on page 202.

CLAVE DE RESPUESTAS *(cont.)*

Semana 33: La Torre Eiffel

Día 2 (page 175)

Era su último día en París, y finalmente iría a conocer la Torre Eiffel; Subió los 1,665 escalones para llegar a la cima; Mientras contemplaba París desde lo alto, vio nubes que parecían pelotas de algodón y un atardecer que pintaba franjas en el cielo; Podía ver a millas de distancia; El sol se escurrió por el horizonte y se encendieron las luces de la Torre Eiffel; Este sería, sin dudas, su recuerdo preferido de París.

Día 3 (page 176)

1. S; siente como si tuviera mariposas en el estómago.
2. M; es un zoológico
3. M; pinta franjas de color
4. S; nubes como pelotas de algodón
5. S; tan brillantes como el sol

Día 4 (page 177)

1. **La** Torre **Eiffel** fue construida en 1889.
2. Fue construida como **arco de entrada** para la **Feria Internacional.**
3. La **torre** se pinta cada siete años para protegerla de la **herrumbre**.
4. Hay 20,000 **bombillas** de luz en la **Torre** Eiffel.
5. Estuvo cerca de ser derribada, pero se la conservó porque podía usarse como **antena** de **radio**.

Semana 34: La Torre de Pisa

Día 3 (page 181)

1. S; como una flecha
2. S; como un anzuelo
3. M; luz de Pisa
4. S; polillas a la luz

Día 4 (page 182)

1. **Durante** la **Segunda Guerra Mundial**, la **Torre** de **Pisa** estuvo a punto de ser destruida.
2. **Muchos** edificios altos en **Italia** eran utilizados por los nazis como torres vigía.
3. **Se** ordenó a los soldados estadounidenses que bombardearan cualquier torre que pudiera funcionar como vigía.
4. **La** belleza de la **Torre** de **Pisa** fue lo que la salvó de la destrucción.

Día 5 (page 183)

See Narrative Writing Rubric on page 204.

Semana 35: Acampar

Día 1 (page 184)

Estaba muy emocionado por mi primer campamento; Todo parecía salir mal; No pudimos armar la tienda de campaña; Mi mamá olvidó la nevera portátil con las bebidas; Papá tardó más de una hora en comenzar la fogata; Dejé caer mi perro caliente en la fogata; Cuando finalmente nos instalamos, comenzó a llover.

Día 2 (page 185)

Underlined parts should include sentences that describe what is happening in the story.

Día 3 (page 186)

1. complica**ción**
2. paciente**mente**
3. oscuri**dad**
4. ilusion**ado**
5. nubl**ado**

Día 4 (page 187)

1. Mi papá dijo:
   —**P**odemos dormir bajo el hermoso cielo.
2. —Olvidé la nevera en casa —dijo ella.
3. —Está muy nublado —dijo mi hermana.

Semana 36: Nadar

Día 3 (page 191)

1. A. lavable
2. A. ganable
3. B. costoso
4. A. mañoso

Día 4 (page 192)

1. —¿Puedo ir a nadar en el mar? —preguntó el niño a su madre.
2. —No hasta que esté lista para ir contigo —respondió su madre.
3. El niño zapateó contra el suelo y se quejó:
   —¡Quiero ir ahora!
4. —No es seguro que nades solo —explicó amablemente su madre.
5. —Comprendo. ¿Estás lista ahora? —preguntó con una amplia sonrisa.

Día 5 (page 193)

See Narrative Writing Rubric on page 204.

OPINION WRITING RUBRIC

Directions: Evaluate students' work in each category by circling one number in each row. Students have opportunities to score up to five points in each row and up to 15 points total.

	Exceptional Writing	**Quality Writing**	**Developing Writing**
Focus and Organization	Clearly states an opinion that is relevant to the topic. Demonstrates clear understanding of the intended audience and purpose of the piece. Organizes ideas in a purposeful way and includes an introduction, a detailed body, and a conclusion.	States an opinion that is relevant to the topic. Demonstrates some understanding of the intended audience and purpose of the piece. Organizes ideas and includes an introduction, a body, and a conclusion.	States an unclear opinion that is not fully relevant to the topic. Demonstrates little understanding of the intended audience or purpose of the piece. Does not include an introduction, a body, or a conclusion.
Points	5 4	3 2	1 0
Written Expression	Uses descriptive and precise language with clarity and intention. Maintains a consistent voice and uses an appropriate tone that supports meaning. Uses multiple sentence types and transitions smoothly between ideas.	Uses a broad vocabulary. Maintains a consistent voice and supports a tone and feeling through language. Varies sentence length and word choices.	Uses a limited or an unvaried vocabulary. Provides an inconsistent or a weak voice and tone. Provides little to no variation in sentence type and length.
Points	5 4	3 2	1 0
Language Conventions	Capitalizes, punctuates, and spells accurately. Demonstrates complete thoughts within sentences, with accurate subject-verb agreement. Uses paragraphs appropriately and with clear purpose.	Capitalizes, punctuates, and spells accurately. Demonstrates complete thoughts within sentences and appropriate grammar. Paragraphs are properly divided and supported.	Incorrectly capitalizes, punctuates, and spells. Uses fragmented or run-on sentences. Utilizes poor grammar overall. Paragraphs are poorly divided and developed.
Points	5 4	3 2	1 0

Total Points: _____

INFORMATIVE/EXPLANATORY WRITING RUBRIC

Directions: Evaluate students' work in each category by circling one number in each row. Students have opportunities to score up to five points in each row and up to 15 points total.

	Exceptional Writing	Quality Writing	Developing Writing
Focus and Organization	Clearly states the topic and purposefully develops it throughout the writing. Demonstrates clear understanding of the intended audience and purpose of the piece. Organizes the information into a well-supported introduction, body, and conclusion.	States the topic and develops it throughout the writing. Demonstrates some understanding of the intended audience and purpose of the piece. Organizes the information into an introduction, body, and conclusion.	Does not state the topic and/or develop it throughout the writing. Demonstrates little understanding of the intended audience or purpose of the piece. Fails to organize the information into an introduction, body, or conclusion.
Points	5 4	3 2	1 0
Written Expression	Uses descriptive and precise language with clarity and intention. Maintains a consistent voice and uses an appropriate tone that supports meaning. Uses multiple sentence types and transitions smoothly between ideas.	Uses a broad vocabulary. Maintains a consistent voice and supports a tone and feeling through language. Varies sentence length and word choices.	Uses a limited or an unvaried vocabulary. Provides an inconsistent or a weak voice and tone. Provides little to no variation in sentence type and length.
Points	5 4	3 2	1 0
Language Conventions	Capitalizes, punctuates, and spells accurately. Demonstrates complete thoughts within sentences, with accurate subject-verb agreement. Uses paragraphs appropriately and with clear purpose.	Capitalizes, punctuates, and spells accurately. Demonstrates complete thoughts within sentences and appropriate grammar. Paragraphs are properly divided and supported.	Incorrectly capitalizes, punctuates, and spells. Uses fragmented or run-on sentences. Utilizes poor grammar overall. Paragraphs are poorly divided and developed.
Points	5 4	3 2	1 0

Total Points: _____

NARRATIVE WRITING RUBRIC

Directions: Evaluate students' work in each category by circling one number in each row. Students have opportunities to score up to five points in each row and up to 15 points total.

	Exceptional Writing	Quality Writing	Developing Writing
Focus and Organization	Identifies the topic of the story and maintains the focus throughout the writing. Develops clear settings, a strong plot, and interesting characters. Demonstrates clear understanding of the intended audience and purpose of the piece. Engages the reader from the opening hook through the middle to the conclusion.	Identifies the topic of the story, but has some trouble maintaining the focus throughout the writing. Develops settings, a plot, and characters. Demonstrates some understanding of the intended audience and purpose of the piece. Includes an interesting opening, a strong story, and a conclusion.	Fails to identify the topic of the story or maintain focus throughout the writing. Does not develop strong settings, plot, or characters. Demonstrates little understanding of the intended audience or purpose of the piece. Provides lack of clarity in the beginning, middle, and/or conclusion.
Points	5 4	3 2	1 0
Written Expression	Uses descriptive and precise language with clarity and intention. Maintains a consistent voice and uses an appropriate tone that supports meaning. Uses multiple sentence types and transitions smoothly between ideas.	Uses a broad vocabulary. Maintains a consistent voice and supports a tone and feeling through language. Varies sentence length and word choices.	Uses a limited or an unvaried vocabulary. Provides an inconsistent or a weak voice and tone. Provides little to no variation in sentence type and length.
Points	5 4	3 2	1 0
Language Conventions	Capitalizes, punctuates, and spells accurately. Demonstrates complete thoughts within sentences, with accurate subject-verb agreement. Uses paragraphs appropriately and with clear purpose.	Capitalizes, punctuates, and spells accurately. Demonstrates complete thoughts within sentences and appropriate grammar. Paragraphs are properly divided and supported.	Incorrectly capitalizes, punctuates, and spells. Uses fragmented or run-on sentences. Utilizes poor grammar overall. Paragraphs are poorly divided and developed.
Points	5 4	3 2	1 0

Total Points: _____

OPINION WRITING ANALYSIS

Directions: Record each student's rubric scores (page 202) in the appropriate columns. Add the totals every two weeks and record the sums in the Total Scores column. You can view: (1) which students are not understanding the opinion genre and (2) how students progress after multiple encounters with the opinion genre.

Student Name	Week 4	Week 10	Week 22	Week 26	Week 28	Week 32	Total Scores
Average Classroom Score							

INFORMATIVE/EXPLANATORY WRITING ANALYSIS

Directions: Record each student's rubric score (page 203) in the appropriate columns. Add the totals every two weeks and record the sums in the Total Scores column. You can view: (1) which students are not understanding the informative/explanatory genre and (2) how students progress after multiple encounters with the informative/explanatory genre.

Student Name	Week 2	Week 8	Week 12	Week 18	Week 24	Week 30	Total Scores
Average Classroom Score							

NARRATIVE WRITING ANALYSIS

Directions: Record each student's rubric score (page 204) in the appropriate columns. Add the totals every two weeks and record the sums in the Total Scores column. You can view: (1) which students are not understanding the narrative genre and (2) how students progress after multiple encounters with the narrative genre.

Student Name	Week 6	Week 14	Week 16	Week 20	Week 34	Week 36	Total Scores
Average Classroom Score							

EL PROCESO DE ESCRITURA

PASO 1: PREESCRITURA

Piensa en el tema. Haz una lluvia de ideas y organiza lo que quieres incluir en tu escrito.

PASO 2: BORRADOR

Usa tus ideas de la lluvia de ideas para escribir el primer borrador. No te preocupes por los errores. Será el primer borrador.

PASO 3: REVISIÓN

Lee tu primer borrador. Piensa en el vocabulario que usaste y en cómo está organizado tu escrito. Luego, haz las modificaciones correspondientes para mejorar tu escrito.

PASO 4: CORRECCIÓN

Vuelve a leer el borrador que revisaste. Verifica que no haya errores de ortografía, de puntuación ni de gramática. Usa marcas de corrección para corregir los errores.

PASO 5: PUBLICACIÓN

Crea una versión final de tu escrito en la que incluyas las modificaciones de la versión corregida. Asegúrate de volver a leer tu trabajo para verificar que no haya errores.

MARCAS DE CORRECCIÓN

Marcas de corrección	Nombres de los símbolos	Ejemplo
≡	símbolo de mayúsculas	david devoró las uvas.
/	símbolo de minúsculas	Mi madre Me abrazó cuando Regresé a Casa.
⊙	símbolo para insertar punto	La nubes bailaban en el cielo .
ort ◯	símbolo para revisar la ortografía	La historia me hiso reír. ^ort
∼	símbolo para cambiar de posición	¿Cómo hoy estás?
∧	símbolo para insertar	¿Me pasarías la pizza? ^por favor
∧̗	símbolo para insertar comas	Tengo dos gatos dos perros y un pez de colores.
∨ ∨	símbolo para insertar raya de diálogo	∨Es increíble ∨grito.
℘	símbolo de eliminación	¿Me llamarás llamarás por teléfono esta noche?
¶	símbolo para indicar párrafo nuevo	... en el árbol. ¶Después del almuerzo, pasé el día...
#	símbolo para agregar espacio	Corrí hacia el árbol. #

CONSEJOS PARA LOS ESCRITOS DE OPINIÓN

Pregúntate...

Recuerda...

Pregúntate...	Recuerda...
¿Estoy suficientemente convencido de mi opinión como para poder convencer a otros de que piensen lo mismo?	Asegúrate de que puedas respaldar tu opinión con ejemplos específicos.
¿He enunciado mi opinión de manera que capte la atención del lector?	Comienza con una pregunta o un enunciado audaz que incluya tu opinión.
¿Tengo al menos tres fundamentos basados en datos reales que respalden mi opinión?	Incluye al menos tres fundamentos sólidos por los que el lector debería coincidir contigo.
¿Cuento con un ejemplo para cada fundamento que fortalezca mi argumento?	Cada fundamento debe estar seguido de un ejemplo contundente.
¿Existe un orden lógico en mi escrito?	Mantente enfocado. Procura llevar un orden lógico para presentar cada fundamento y ejemplo.
¿Estoy usando transiciones graduales para relacionar mis pensamientos y permitir que mi escrito fluya?	Usa palabras de transición tales como *primero*, *además*, *otro motivo* y *lo que es más importante*.
¿Mi conclusión enuncia nuevamente mi opinión?	No olvides volver a presentar tu opinión en la oración final.
¿He escrito correctamente las palabras, y he usado la gramática y la puntuación de manera correcta?	Repasa lo que has escrito. Luego, verifica que no haya errores.

© *Shell Education*

CONSEJOS PARA LOS ESCRITOS INFORMATIVOS/EXPLICATIVOS

Pregúntate...

¿Proporciono suficiente información sobre el tema?

¿He limitado el tema?

¿Tiene mi escrito algo atrapante?

¿Presento mi información en un orden lógico?

¿He incluido suficiente información para hacer que el lector se interese y quiera aprender aún más?

¿He escrito correctamente las palabras, y he usado la gramática y la puntuación de manera correcta?

Recuerda...

Asegúrate de incluir datos reales sobre el tema en tu escrito para informar al lector.

Elige un aspecto del tema sobre el que quieras escribir.

Comienza con una oración temática sólida que capte la atención del lector.

Mantente enfocado. Comienza cada párrafo con una oración temática y agrega detalles.

Finaliza con una oración contundente que haga que el lector desee aprender más acerca del tema.

Repasa lo que has escrito. Luego, verifica que no haya errores.

CONSEJOS PARA LOS ESCRITOS NARRATIVOS

Pregúntate. . .

Recuerda. . .

¿Soy el personaje principal? ¿La historia se cuenta desde mi punto de vista?

Eres parte de la historia, cuentas dónde te encuentras, lo que ves, quién te acompaña y lo que haces.

¿Tiene mi historia algo atrapante?

Incluye una oración introductoria emocionante que haga que el lector quiera seguir leyendo.

¿Tiene sentido mi historia, además de una introducción, un desarrollo y un final?

Mantente enfocado. Procura mantener un orden lógico de cómo transcurrió la experiencia.

¿Estoy usando transiciones para relacionar mis pensamientos y permitir que mi escrito fluya?

Usa palabras de transición tales como *primero*, *a continuación*, *luego*, *otro* y *finalmente*.

¿Estoy incluyendo detalles y lenguaje sensorial que enriquezcan el escrito para que el lector forme imágenes en su mente?

Usa muchos adjetivos e incorpora lenguaje figurado, como metáforas o símiles para que tu historia cobre vida.

¿Resume mi conclusión la idea principal?

Incorpora una o dos oraciones con una reflexión sobre lo que has escrito.

¿He escrito correctamente las palabras, y he usado la gramática y la puntuación de manera correcta?

Repasa lo que has escrito. Luego, verifica que no haya errores.

                                                      © *Shell Education*

Escritura de opinión

Escritura explicativa/informativa

© Shell Education

Escritura narrativa

DIGITAL RESOURCES

Accessing the Digital Resources

The digital resources can be downloaded by following these steps:

1. Go to **www.tcmpub.com/digital**

2. Sign in or create an account.

3. Click **Redeem Content** and enter the ISBN number, located on page 2 and the back cover, into the appropriate field on the website.

4. Respond to the prompts using the book to view your account and available digital content.

5. Choose the digital resources you would like to download. You can download all the files at once, or you can download a specific group of files.

ISBN:
9781087648743

Please note: Some files provided for download have large file sizes. Download times for these larger files will vary based on your download speed.

 CONTENTS OF THE DIGITAL RESOURCES

Teacher Resources

- Informative/Explanatory Writing Analysis
- Narrative Writing Analysis
- Opinion Writing Analysis
- Writing Rubric
- Writing Signs

Student Resources

- Peer/Self-Editing Checklist
- Editing Marks
- Practice Pages
- The Writing Process
- Writing Prompts
- Writing Tips

© *Shell Education*